Tablas Dinámicas
La Quinta Dimensión

Potencializa tus reportes de tablas dinámicas con trucos de presentación, aplicación, Macros y PowerPivot

Miguel Caballero Sierra

Fabian Torres Hernández

https://www.excelfreeblog.com/

Tablas Dinámicas, la Quinta Dimensión

ISBN-13: 978-1727353303
ISBN-10: 1727353307
ASIN: B00TVM3CRG

Edición: Primera
Primera Fecha De Distribución: 14 de Abril 2015
Bogotá, Colombia

Para información general otros productos y servicios o para obtener soporte técnico, por favor contactos a través de: excelfreebymcs@gmail.com o www.excelfree.weebly.com.

Diseño de Portada
Alejandra Ramírez

Revisor lógico
Nilson Solano

Advertencia

Este libro cuenta con un proceso riguroso de elaboración teniendo como objetivo minimizar la cantidad de errores e imprecisiones, pero esto no deriva o incluye ninguna garantía o conveniencia por parte de los autores al lector. Los autores no tienen ninguna obligación y/o responsabilidad con ninguna persona o ente con respecto a cualquier daño o perdida emergente por la utilización de la información proporcionada por este libro.

- Autores: Miguel Caballero Sierra
  Fabian Torres Hernández

- Web : Excel Free Blog
- Publicado en: *Proyecto, Revolución Digital*
- Primera Publicación: 24 de Abril del 2015

Acerca de Los Autores

Miguel Caballero Sierra Es Director de Producto en Join Ideas, una compañía dedicada a desarrollar soluciones utilizando el paquete Office, especializada en visualización de datos con enfoque en inteligencia de negocios. También es el autor del Canal Educativo en YouTube *Excel Free Blog* (*donde comparte clases completas y detalladas sobre Excel y VBA, además de realizar publicaciones periódicas de tipo texto en el Blog del mismo nombre*). Cuenta con amplia experiencia en el diseño y desarrollo de soluciones Office, enfatizado en Excel, Access y Visual Basic para Aplicaciones (VBA).

Ud. Puede visitar Excel Free Blog en: https://www.youtube.com/user/ExcelFreeblog

Miguel Caballero, Contribuyo en el desarrollo de los capítulos 0, 1, 4 y 5 además de los anexos.

Fabian Torres Hernández Es Ingeniero Industrial con experiencia en el área administrativa y de calidad de empresas e instituciones.

Él cuenta con un recorrido importante en consultoría en Excel enfocado en visualización de datos, desarrollando gráficos e ilustraciones significativas que capten la atención en métricas e indicadores, es Autodidacta en temas ofimáticos, herramientas afines a Excel y Programas diversos. Puedes encontrarlo y leer los artículos que ha desarrollado como colaborador del Blog *Excel Free,* el también hace parte del equipo de Join Ideas como Director de Operaciones.

Ud. Puede visitar la página de Join Ideas en: www.joinideas.net

Fabian Torres, Contribuyo en el desarrollo de los capítulos 2 y 3.

Dedicatoria

Miguel Caballero Sierra,
> *Para María Sierra, mi Madre, por su fortaleza, inmensurable apoyo y maravilloso ejemplo.*

Fabian Torres Hernández,
> *Para Enith y Pablo, mis Padres, por su amor incondicional y extraordinaria guía espiritual.*

Contenido

Capítulo 1: Trucos de Presentación 47

Capítulo 2: Trucos de Aplicaciones 136

Capítulo 3: 15 Tips, (Trucos Pequeños) 194

Introducción

Acerca de este libro

La funcionalidad de Tablas dinámicas en Excel es una herramienta supremamente robusta, permite crear una vista interactiva de un conjunto de datos, que se conoce como reporte de tabla dinámica o simplemente reporte, su potencial radica en que podemos organizar la información de manera ágil y precisa, agrupando, elaborando cálculos, filtrando y ordenando, tan solo con un par de clics, a fin de obtener conclusiones significativas que de otra manera serían muy tediosas y complicadas de alcanzar.

Las tablas dinámicas son una de las funcionalidades más poderosas de la familia de software ofimáticos de Microsoft, además, la llegada de Power Pivot supuso un gigantesco salto para llevar acabo análisis de datos de forma eficaz y crear modelos de datos sofisticados, Power Pivot trabaja en armonía con las tablas dinámicas, por lo que son los pilares de Excel con mayor trascendencia.

Este libro tiene como objetivo brindar un conjunto de trucos y macros enfocados a Tablas Dinámicas, trucos que servirán tanto para la estética del reporte, solución de tareas y, automatización mediante macros, así como una primera guía a Power Pivot. La finalidad del presente texto es tomar un paso más avanzado si se quiere ir más allá de los cursos convencionales. Los trucos, tips y macros presentados aquí son una colección que los autores han aprendidos en los últimos dos años de diversos libros, blogs y por experiencia, los cuales se recopilaron en solo lugar, en el libro: *Tablas Dinámicas, La Quinta Dimensión*.

Temática del libro

El presente libro tiene como título: *Tablas Dinámicas, la Quinta dimensión*, porque consiste en información avanzada y única sobre Tablas Dinámicas, más allá de los trucos estándar y conocimiento clásico, donde se tratan aspectos que no abarca un libro convencional o un curso tradicional sobre Pivot Tables; tantos trucos de presentación, trucos de aplicación, como Macros para trabajo eficiente y PowerPivot. Presentado para aquellas personas que tienen un nivel intermedio o avanzado y desean llevar la presentación de estas a un mayor nivel, a otra dimensión, *"La quinta dimensión"*.

¿Por qué la quinta dimensión?, bueno personalmente, yo (*Miguel*) soy un aficionado a la divulgación científica y a este tipo de literatura, me gusta seguir la analogía de las dimensiones de las tablas dinámicas con el mundo físico que nos rodea basado en *el espacio-tiempo* de Albert Einstein, así:

- ❖ Primera Dimensión: Área de Valores | Derecha-Izquierda
- ❖ Segunda Dimensión: Área de Filas | Adelante - Atrás
- ❖ Tercera Dimensión: Área de Columnas | Arriba - Abajo
- ❖ Cuarta Dimensión: Área de Filtros | Tiempo
- ❖ Quinta Dimensión: ¿?

Lo que significa ir más allá de la comprensión y los estándares convencionales y clásicos. Pueden existir muchas aproximaciones para lo que sería la quinta dimensión en tablas dinámicas, porque no el poderoso Power Pivot. Este libro tiene la intención de mostrar otra forma de abordar y presentar reportes de tablas dinámicas y atacar problemas por fuera de la caja, además de una breve introducción a Power Pivot.

Organización de Libro

Tabla Dinámicas a Profundidad

Capítulo 0: Tablas Dinámicas a profundidad: Este es un capítulo preliminar antes entrar al núcleo central del libro (los *trucos, Macros e Introducción a Power Pivot*). Si está buscando una fuente en la cual pueda aprender tablas dinámicas a partir de cero y de forma progresiva ir aprendiendo las distintas características de esta funcionalidad hasta un nivel avanzado, este capítulo es el indicado, ya que brinda información detallada acerca de un grupo de vídeo tutoriales online completamente gratuitos.

Este grupo de vídeos o serie ha sido elaborado por uno de los autores del libro, *Miguel Caballero Sierra*, en su canal de YouTube *Excel Free Blog*.

Canal en YouTube: https://www.youtube.com/user/ExcelFreeblog

Trucos de Presentación

Capítulo 1: Trucos de Presentación: En el primer capítulo del libro se agrupan y explican todos aquellos trucos enfatizados en la presentación de un reporte, por ejemplo, mejores formatos para visualizar datos, mostrar valores cero con un color más tenue, presentar texto e iconos en el área de valores para que el reporte sea más descriptivo, etc.

Trucos de Aplicación

Capítulo 2: Trucos de Aplicación: En el segundo capítulo se agrupan y explican todos aquellos trucos que tienen como fin utilizar tablas dinámicas para realizar alguna tarea específica que no sea necesariamente presentar el reporte, por ejemplo: crear un gráfico de Pareto, normalizar datos (*Convertir en formato tabular*), comparar tablas, utilizar notación de tablas estructuradas para una mejor lectura y manipulación de datos en un reporte, etc.

Además en esta sección también se encuentran trucos para un trabajo más eficiente.

15 Tips, (Trucos Pequeños)

Capítulo 3: 15 Tips, (Trucos Pequeños): En el tercer capítulo del libro se recopilan todos aquellos Tips o mini ayudas sencillas como: proteger una tabla dinámica, autofiltros, ver detalles en un reporte, etc. Todo ello para una consulta rápida.

VBA y Macros en Tabla Dinámicas

Capítulo 4: VBA y Macros en Tablas Dinámicas: En el cuarto capítulo del libro, se proporciona una brevísima introducción a programación con Tablas dinámicas, para posteriormente explicar un conjunto de Macros listas para utilizar, que pueden llegar a agilizar nuestro trabajo en el día a día de forma sustancial y a su vez sirven para incrementar el conocimiento en programación con Tablas dinámicas de Excel.

La gran mayoría de las macros se pueden copiar y pegar para ser ejecutadas, si alguna de ellas requiere un cambio, este es mínimo y se explica en su respectiva sección.

Introducción a Power Pivot

Capítulo 5: Introducción a Power Pivot: Es un primer acercamiento a este poderoso complemento de forma fugaz, pero que brinda los parámetros básicos para luego hacer énfasis en este mundo.

Anexos

Anexos: El presente libro cuenta con tres anexos:

❖ Anexo A, Tipografías digitales Simbólicas: Este anexo se brinda dado el *truco 08* del capítulo 1. (*Véase el truco 08 para mayor comprensión*).

❖ Anexo B, Formato Personalizado: Este es un anexo que explica el formato personalizado de Excel, debido a que es ampliamente utilizado en el capítulo 1.

❖ Anexo C, Enlaces del Libro: Este anexo contiene información acerca de los enlaces de descargas y referencias externas que se hacen a lo largo del Libro, para mayor comodidad y por seguridad.

Que Necesita Saber

Este no es un libro para personas que buscan aprender tablas dinámicas a partir de cero, ni tampoco para aquellas personas que tengan un nivel básico en esta funcionalidad, sin embargo, *en el capítulo 0 encontrará toda la información para acceder a una serie de vídeos que explican tablas dinámicas desde básico a avanzado.*

Nota:

En el Capítulo 0 encontrará toda la información para acceder a una serie de vídeos que explican tablas dinámicas desde básico a avanzado.

Véase el Capítulo 0 para Mayor detalle

Tablas dinámicas:

Para sacar mayor provecho a este libro, asumimos que tiene por lo menos un conocimiento intermedio de tablas dinámicas, en específico domina:

- ❖ Preparación de datos para una Tabla dinámica
- ❖ Creación y Anatomía de un reporte Pivot Table
- ❖ Funciones de Resumen y Configuración de Campos de Valor
- ❖ Filtros, Slicers y Escala de Tiempo
- ❖ Diseño y formato de una tabla dinámica

Visual Basic para Aplicaciones:

Algunos trucos y en especial en el cuarto capítulo hace uso de programación (*Visual Basic para Aplicaciones*) por lo cual sería ideal que el lector tuviera un conocimiento intermedio o básico de este, sin embargo, la explicación de ellos se hace para su uso directo, pero hay que tener en cuenta que este capítulo se recomienda un conocimiento mínimo de programación si se desea entender detalladamente las líneas de código.

Formato Personalizado:

Los trucos del capítulo 1 (*Trucos de presentación*) hacen uso extensivo de formato personalizado, si el lector no está familiarizado con ellos, el Anexo B facilita una guía a esta temática con ejemplos.

Que Necesita Tener

Los trucos aquí presentados son desarrollados en **Excel 2013** por lo que sería ideal que el lector contará con esta versión, no obstante, los trucos y Macros explicados aquí, funcionan perfectamente en Excel **2010.** El capítulo 5 si requiere **Excel 2013** por obligación ya que su desarrollo está basado únicamente en la versión 15 del programa.

Convenciones Usadas en el Libro

A lo largo del libro, utilizamos cuadros con un borde azul que en su parte izquierda tienen un icono, esto lo hacemos para resaltar alguno de los siguientes aspectos:

YouTube: El siguiente cuadro indica algún tutorial en YouTube con su respectivo hipervínculo, este es una temática relacionada que puede servir para entender mejor el truco, tomar elementos del tutorial o para hacer referencia directa a él.

Tutorial Sobre Diseño y Formato de una Tabla Dinámica

Si el lector no sabe cómo obtener los resultados visuales mostrados en la _Ilustración 10_ es fundamental que vea la sesión 6 de la serie dedica a tablas dinámicas, donde se trata el diseño y formato de una tabla dinámica.

- **Sesión**: Diseño y Formato de una Tabla Dinámica
- **Link**: http://youtu.be/jh5jPIxAcP4
- **Minutos Claves**: (2:57minuto – 14:17minuto)
- **Estilo**: Estilo de tabla dinámica medio 6

Enlace: El cuadro siguiente indica un enlace (Hipervínculo) a algo externo, puede ser enlace de descarga de archivos, páginas web, artículo, etc.

Enlace

Para Acceder a la lista de reproducción de todos los vídeos de la serie dedicada a Tablas Dinámicas en Excel 2013 siga este enlace:
Tablas Dinámicas Profundidad

- **Anexo C:** *Todos los Links del Libro Detallados*

Archivo de Excel: Esto hace referencia a un link para descarga directa de un archivo asociado al truco, tip, macro o sección que se está tratando.

Archivo de Excel

Descargue el Archivo de este ejemplo en el siguiente Enlace:
Truco 01 – Mostrar Texto.xlsx

- **Anexo C:** *Todos los Links del Libro Detallados*

Nota: Esto hace referencia a notas importantes, para resaltar algún aspecto de la temática que se está tratando, hacer referencia a otro truco, etc.

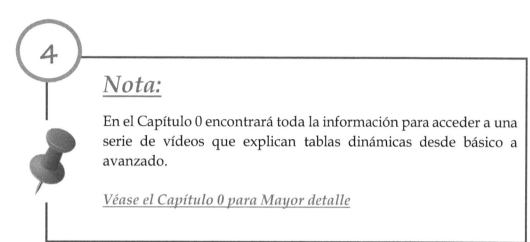

4

Nota:

En el Capítulo 0 encontrará toda la información para acceder a una serie de vídeos que explican tablas dinámicas desde básico a avanzado.

Véase el Capítulo 0 para Mayor detalle

Este libro utiliza los siguientes términos como sinónimos

Tabla Dinámica = Pivot Table

Este libro está divido en **capítulos** y cada uno tiene subdivisiones a los cuales se hace referencia en el libro de forma general como **sección**.

¿Cómo utilizar el libro?

Cada capítulo, truco, tip, macro y sección son explicados de forma individual, por lo que si desea estudiar uno en particular o de forma aleatoria, es perfectamente válido dada la estructuración del libro.

Feedback y Actualizaciones

Ud. como el lector de este libro es uno de los críticos más valiosos, por esto es muy importante para nosotros escuchar de su parte cualquier *opinión*, *critica*, *corrección*, *sugerencia*, *mejoras*, *ilustraciones*, *consejos*, *complementos*, etc. En cuyo caso puede escribirnos al cualquiera de los siguientes correos electrónicos:

- ❖ **E-mail 1:** feedback.tablasdinamicastrucos@gmail.com
- ❖ **E-mail 2:** excelfreebymcs@gmail.com

También lo invitamos a que se suscriba a la lista de correo electrónico de usuarios del libro, accediendo al siguiente enlace:

- ❖ **Lista de Correos:** http://eepurl.com/bcer_5

Allí podrá llenar el formulario de usuario con su *nombre*, *apellido* y correo *electrónico*, con lo cual recibirá cada vez que exista una corrección o modificación dicha actualización.

Capítulo 0: Tablas Dinámicas a Profundidad

Acerca de Este Capítulo

Tablas Dinámicas a Profundidad

Este libro tiene como finalidad proporcionar información avanzada enfocada netamente a Tablas Dinámicas, que ayude a desarrollar tareas específicas con esta funcionalidad, llevar la presentación y desarrollo de reportes un paso más allá del convencional; dicho esto, el presente libro no está diseñado para principiantes, en su lugar está pensado para personas que ya tengan un conocimiento por lo menos intermedio, que deseen aprender algo más sobre ellas. Los trucos presentados aquí son una colección que los autores hemos aprendidos en los últimos dos años y hemos agrupado en solo lugar.

Si bien el libro está pensado para personas que ya dominen Tablas Dinámicas, en este capítulo se presenta la serie Tablas Dinámicas a Profundidad.

¿Qué es la Serie Tablas Dinámicas a Profundidad?

Excel Free

Es una Canal de YouTube dedicado a brindar clases de Excel

La serie Tablas Dinámicas a profundidad, es un conjunto de 16 sesiones en formato vídeo elaborados de forma secuencial por *Excel Free Blog*, donde se estudia esta funcionalidad desde lo más básico hasta las características más avanzadas y profesionales. Cada vídeo cuenta con una explicación detallada y con archivos para su descarga, todos ellos están disponibles de forma gratuita en: (https://www.youtube.com/user/ExcelFreeblog)

Específicamente en este enlace:

Enlace

Para Acceder a la lista de reproducción de todos los vídeos de la serie dedicada a Tablas Dinámicas en Excel 2013, siga este enlace: **Tablas Dinámicas a Profundidad**

- **Anexo C:** *Todos los Links del Libro Detallados*

En este capítulo se hace una descripción breve de cada vídeo (*Sesión*), se deja su enlace directo, su archivo correspondiente para descarga directa y la duración, para que así el lector pueda ir a alguna sesión en particular.

Archivos de la Serie

Anexo C:

El Anexo C contiene todos los links, En caso de que los presentados a continuación muestren problemas por favor véase el Anexo C

Cada sesión de la serie cuenta con un archivo asociado y previamente preparado para cada vídeo, el cual se pueden descargar de forma gratuita.

A medida que se haga la descripción de cada sesión se deja el enlace directo de descarga al archivo asociado a esta, así como cualquier otro documento relacionado.

No obstante, a continuación se proporciona el enlace a la carpeta que contiene todos los archivos de la serie dedicada a Tablas dinámicas.

> *Enlace*
>
> Para Acceder a todos los archivos, siga este enlace:
> **Tablas Dinámicas (Serie) Todos Los Archivos**
>
> • **Anexo C:** *Todos los Links del Libro Detallados*

A continuación, se realiza la descripción de cada sesión:

Preparación, Creación y Áreas de Colocación

Tablas Dinámicas 01

Preparación Creación y Áreas de Colocación

Nombre de la Sesión:

Tablas Dinámicas 01. Preparación, Creación y Áreas de colocación

Número de Sesión: *01,* **Duración:** 23:02

Descripción:

En la Sesión 1, vemos qué es una tabla dinámica, qué podemos hacer con ellas y qué se necesita para crear un reporte; exploramos también los requisitos que deben cumplir los datos (*preparación de datos*) y los conceptos fundamentales que debemos conocer.

Contenido Detallado

El número entre paréntesis y en color azul, indica el minuto en el cual se empieza a tratar la temática:

❖ FUNDAMENTOS DE TABLAS DINÁMICAS EN EXCEL (00:50)

✓ ¿Qué es una tabla dinámica? (00:50)
✓ ¿Qué se puede hacer con una tabla dinámica? (01:20)
✓ ¿Qué se necesita para crear una tabla dinámica? (01:55)

❖ PREPARACIÓN DE DATOS PARA TABLA DINÁMICA (02:44)

✓ Etiquetación de columnas (03:43)
✓ No subtotales ni totales (04:05)
✓ No columnas ni filas vacías (04:44)
✓ No etiquetas distintas a las de columnas (05:49)

❖ MANIPULACIÓN DE UNA TABLA DINÁMICA (06:41)

✓ Creación de una tabla dinámica (08:04)
✓ Anatomía de una tabla dinámica (11:33)
✓ Áreas de colocación, introducción (14:11)
✓ Aplicación de tablas dinámicas (17:51)

Sesión 01 de Tablas Dinámicas

Enlaces y Archivos

- **Sesión**: Preparación, Creación y Áreas de Colocación
- **Link**: http://youtu.be/wlNMBFZSu_U

- **Archivo**: Excel
- **Estilo**: PDF de Preguntas

• **Anexo C:** *Todos los Links del Libro Detallados*

Memoria Caché, Actualización y Áreas de Colocación

Tablas
Dinámicas 02

Memoria
Caché,
Actualización
y Áreas de
Colocación

Esta sesión está divida en 4 vídeos diferentes.

Nombre de la Sesión:

Tablas Dinámicas 02. Memoria Caché, Actualización y Áreas de Colocación

Número de Sesión: *02 en 4 Partes*

Duración: Pt1 17:30 Pt2 14:02 Pt3 19:55 Pt4 26:13

Descripción:

En la Sesión 2, tratamos cuál es la relación que guarda una tabla dinámica con la memoria caché del computador, vemos cómo actualizar el origen de datos de forma manual y de forma automática con algo de código VBA. Tratamos las diferentes formas de ampliación de nuestros rango de datos y respondemos algunas peguntas para seguir conociendo las áreas de colocación con un poco más a profundidad.

Contenido Detallado Parte 1

El número entre paréntesis y en color azul indica el minuto en el cual se empieza a tratar la temática:

- ❖ Actualización manual (01:22) - (02:24)
- ❖ Tablas dinámicas y su relación con la memoria caché (03:10)
- ❖ Memorias informáticas (04:00)
- ❖ Formas manuales de actualizar tablas dinámicas (07:10)
- ❖ Lista de datos, limitación (09:53)

Contenido Detallado Parte 2

El número entre paréntesis y en color azul indica el minuto en el cual se empieza a tratar la temática:

- ❖ Rango dinámico usando la función DESREF (00:35)
- ❖ Comprobación de rango dinámico (06:12)

❖ Rango dinámico usando tablas estructuradas (8:00)

❖ Preguntas (12:00)

Contenido Detallado Parte 3

El número entre paréntesis y en color azul, indica el minuto en el cual se empieza a tratar la temática:

❖ *Actualización automática extrema para tablas dinámicas*: Se recomienda únicamente cuando en el libro se tiene una sola conexión externa y máximo una tabla dinámica (01:00)

❖ *Actualización automática para tablas dinámicas solamente para la hoja que contiene la tablas dinámica*: Se recomienda utilizar este código cuando en ella hay máximo 5 tablas dinámicas (06:49)

¡Cuidado!: índice de colecciones y propiedad Codname del objeto Application (9:54)

❖ *Actualización automática para tablas dinámicas solamente para las hojas que contienen tablas dinámica*: Se recomienda utilizar este código cuando en el libro de Excel existan máximo 3 tablas dinámicas (14:20)

Contenido Detallado Parte 4

Se puede añadir campos numéricos como de texto a las áreas de valores.

❖ Si se agrega una campo numérico entonces el cálculo por defecto es SUMA.

❖ Si se agrega un campo texto entonces el cálculo por defecto es CONTARA.

❖ Si algún dato de un campo numérico es una celda vacía entonces el cálculo que se establece por defecto es CONTARA (se puede solventar esto con Ir a... y reemplazar celdas vacías por cero)

Sesión 02 de Tablas Dinámicas

Enlaces y Archivos

- ○ **Sesión**: Memoria Caché, Actualización y Áreas de Colocación
- ○ **Link, Pt 1**: http://youtu.be/cREze3dwYuE
- ○ **Link, Pt 2**: http://youtu.be/Ccb0Bb8OMn4
- ○ **Link, Pt 3**: http://youtu.be/Yp1NNSMcx_U
- ○ **Link, Pt 4**: http://youtu.be/9dALgwgfpnU

- ○ **Archivo**: Excel
- ○ **Función DESREF**: Explicación DESREF

- • **Anexo C:** *Todos los Links del Libro Detallados*

Funciones de Resumen y Tipos de Visualización de Valores

Tablas
Dinámicas 03

Funciones de
Resumen y
tipos de
visualización
de valores

Esta sesión está divida en 2 vídeos diferentes.

Nombre de la Sesión:

Tablas Dinámicas 03. Funciones de Resumen y Tipos de Visualización de Valores

Número de Sesión: *03 en 2 Partes*

Duración: Pt1 21:22 Pt2 15:57

Descripción:

En la sesión 3 vemos los tipos de cálculos que se pueden visualizar en el área de valores, es decir, las once funciones de resumen que nos brinda Excel 2013 y los tipos de visualización de valores.

Contenido Detallado Parte 1

El número entre paréntesis y en color azul, indica el minuto en el cual se empieza a tratar la temática

❖ FUNCIONES DE RESUMEN (01:00)

✓ Acceder a las funciones de resumen (01:46)
✓ Funciones de resumen presentación global (03:43)
✓ Función de resumen PROMEDIO (06:54)
✓ Funciones de resumen MIN y MAX (09:19)
✓ Explicación teórica de las funciones de resumen (12:51)

❖ EVITAR DATOS VACÍOS Y ERROR (16:30)

Contenido Detallado Parte 2

❖ % del total general
❖ % de las filas
❖ % de las columnas
❖ % de
❖ % de las filas principales
❖ % de las columnas principales
❖ % del total general principal

Sesión 03 de Tablas Dinámicas

Enlaces y Archivos

o **Sesión**: Funciones de Resumen y Tipos de Visualización de Valores
o **Link, Pt 1**: http://youtu.be/ceETZ_356R4
o **Link, Pt 2**: http://youtu.be/NzsQE1DOHZk

• **Anexo C:** *Todos los Links del Libro Detallados*

Filtros, Slicers y Escala de Tiempo

Nombre de la Sesión:

Tablas Dinámicas 04. Filtros, Slicers y Escala de Tiempo

Número de Sesión: *04,* **Duración:** 48:21

Descripción:

En la sesión 4, hablamos de todos los tipos de filtros disponibles para las tablas dinámicas; tanto los filtros de campo, como los filtro de etiqueta y de valores; filtros de fecha y filtros externos que son los Slicers o también llamados segmentación; la escala de tiempo también llamada segmentación de escala de tiempo. Vemos algunos ejemplos respondiendo algunas preguntas.

Contenido Detallado

El número entre paréntesis y en color azul, indica el minuto en el cual se empieza a tratar la temática

❖ Filtros, Valores, etiquetas y fecha (1:10): En esta parte se introducen los filtros de campo que están dividíos en: filtros de etiquetas, filtros de valor y filtros de fecha.

❖ Filtros y Preguntas (10:18): En esta parte o segmento el vídeo se resuelven preguntas aplicando lo Aprendido en el primer segmento del vídeo.

❖ Slicers (32:02): Aquí se hablan de los filtros Slicers o también llamados segmentaciones.

❖ Escala de tiempo (43:10): Escala de tiempo o segmentación de escala de tiempo.

Sesión 04 de Tablas Dinámicas

Enlaces y Archivos

○ **Sesión**: Filtros Slicers y Escala de Tiempo
○ **Link**: http://youtu.be/bFUnMX8n6Ag

• **Anexo C:** *Todos los Links del Libro Detallados*

Agrupar y Sus Criterios, Des-Agrupar y Autofiltros

Tablas
Dinámicas 05

Agrupar y Sus
Criterios, Des-
agrupar y
Autofiltros

Nombre de la Sesión:

Tablas Dinámicas 05. Agrupar y Sus criterios, Des-agrupar y Autofiltros

Número de Sesión: *05,* **Duración:** 34:27

Descripción:

En la Sesión número 5, vemos como agrupar elementos de un campo de tabla dinámica para obtener nuevas categorías que no estaban en el origen de datos (*esto no implica que el origen de datos cambie*). Estudiamos la agrupación en campos de fecha, en campos numéricos y en campos de texto. Adicionalmente hablamos de los autofiltros en tablas dinámicas para complementar la sesión 04.

Contenido Detallado

El número entre paréntesis y en color azul, indica el minuto en el cual se empieza a tratar la temática

❖ Introducción a la temática de agrupación (0:02)
❖ Agrupar campo de fecha: Único campo (5:35)
❖ Agrupar campo de fecha: Varios Campos (7:48)
❖ Agrupar campo de fecha: Criterio (10:18)
❖ Agrupar campo numérico: Igual número de elementos (13:34)
❖ Autofiltros en tablas dinámicas (21:40)
❖ Agrupar campo numérico: Distinto número de elementos (24:14)
❖ Agrupar campos de texto (29:02)
❖ Evitar errores al agrupar elementos de un campo (31:58)

Sesión 05 de Tablas Dinámicas

Enlaces y Archivos

   ○ **Sesión**: Agrupar y Sus Criterios, Des-Agrupar y Autofiltros
   ○ **Link**: http://youtu.be/9yAAzfurX3c

   • **Anexo C:** *Todos los Links del Libro Detallados*

Diseño y Formato de una Tabla Dinámica

Tablas
Dinámicas 06

Diseño y
Formato de
una Tabla
Dinámica

Nota:

Esta es la
sesión más
importante
para entender
y trabajar los
trucos del
capítulo 1

Nombre de la Sesión:

Tablas Dinámicas 06. Diseño y Formato de una Tabla Dinámica.

Número de Sesión: *06,* **Duración:** 39:51

Descripción:

En la Sesión número 6, después de tratar temas como: la preparación de datos en una tabla dinámica, la anatomía de un reporte de tabla dinámica, como actualizar la tabla de forma manual y automática; las funciones de resumen, los tipos de visualización de valores; los filtros y como agrupar elementos para crear nuevas subcategorías; ya se vuelve importante preocuparnos por el aspecto, diseño y formato de nuestro reporte de tabla dinámica, por esto en el sexto vídeo tutorial de la serie dedicada a tablas dinámicas en Excel 2013 vemos cómo cambiar el estilo de una tabla dinámica, como aplicar formato a el contenido del área de valores, como sustituir las celdas en blancos por valores ceros, renombrar campos para dar un nombre más descriptivo; cambios de presentación como los son: subtotales, filas en blanco y totales generales; vemos también como crear un estilo personalizado y finalmente trataremos el formato condicional aplicado a los datos de la tabla dinámica.

Contenido Detallado

El número entre paréntesis y en color azul indica el minuto en el cual se empieza a tratar la temática:

❖ CAMBIOS INPRESCINDIBLES EN EL ASPECTO DE UNA TABLA DINÁMICA(0:20)

  ✓ Aplicar estilos y bandas "Cuadrículas" (2:57)
  ✓ Aplicar formato "Área de valores" (6:00)
  ✓ Evitar celdas vacías "Celdas en blanco" (9:01)
  ✓ Reorganizar campos de filtros (Opcional) (14:17)

❖ CAMBIOS DE PRESENTACIÓN (15:37)

  ✓ Subtotales (Parte superior opción por defecto) (15:55)

✓ Filas en blanco (Sin filas en blanco, defecto) (17:14)
✓ Totales generales (Aplicado por defecto) (18:29)

❖ DISEÑO DEL INFORME DE TABLA DINÁMICA (20:49)

✓ Forma compacta (Opción predeterminada) (21:14)
✓ Forma esquema (22:07)
✓ Forma tabular (Forma ideal para análisis posteriores) (24:04)

❖ TEMAS DEL LIBRO (26:04)

❖ CREACIÓN DE UN ESTILO PERSONALIZADO BÁSICO:(29:45)

❖ FORMATO CONDICIONAL EN TABLAS DINÁMICAS:(32:50)

Sesión 06 de Tablas Dinámicas

Enlaces y Archivos

○ **Sesión**: Diseño y Formato de una Tabla Dinámica
○ **Link**: http://youtu.be/jh5jPIxAcP4

• **Anexo C:** *Todos los Links del Libro Detallados*

Ordenación y Visualización de Detalles en los Datos

Nombre de la Sesión:
Tablas Dinámicas 07. Ordenación y Visualización de Detalles en los Datos

Número de Sesión: *07,* **Duración:** 32:527

Descripción:

En la sesión número 7, vemos como ordenar los elementos de los campos de una tabla dinámica de forma ascendente como descendente, así como crear ordenación personalizada, de forma manual y creando listas personalizadas; vemos también como generar tablas que nos muestren en detalle de donde proviene el dato de cierto valor.

Contenido Detallado

El número entre paréntesis y en color azul, indica el minuto en el cual se empieza a tratar la temática:

❖ ORDENACIÓN (5:28)

- ✓ Defecto (6:35)
- ✓ Utilizando comandos (7:02)
- ✓ Ordenación manual (13:27)
- ✓ Orden personalizado (20:25)

❖ VISUALIZACIÓN DE DETALLES:(29:00)

Sesión 07 de Tablas Dinámicas

Enlaces y Archivos

○ **Sesión**: Ordenación y Visualización de Detalle en los Datos
○ **Link**: http://youtu.be/sRPytmGjPtE

• **Anexo C:** *Todos los Links del Libro Detallados*

Tablas Dinámicas Dependientes e Independientes

Tablas Dinámicas 08

Tablas Dinámicas Dependientes e Independientes

Nombre de la Sesión:
Tablas Dinámicas 08. Ordenación y Visualización de Detalles en los Datos

Número de Sesión: *08*, **Duración:** 23:531

Descripción:

En la Sesión 8, vemos como crear tablas dinámicas independientes en cuanto a su memoria caché y que provengan del mismo origen de datos. En la sesión también se menciona como eliminar una tabla dinámica y la vinculación de los Slicers o segmentaciones a diversas tablas dinámicas.

Contenido Detallado

El número entre paréntesis y en color azul, indica el minuto en el cual se empieza a tratar la temática

❖ TABLAS DINÁMICAS DEPENDIENTES E INDEPENDIENTES(0:02)

✓ Tablas dinámicas dependientes (0:38) - (4:52)
✓ Tablas dinámicas independientes (7:05)
✓ Asistente para tablas y gráficos dinámicos (comando) (7:05)
✓ Cuadro de diálogo (11:39)
✓ Eliminar una tabla dinámica (14:44)
✓ Asistente para tabla y gráficos dinámicos (ALT + T, B) (15:00)
✓ Renombrar tablas dinámicas (16:50)
✓ Slicers vínculos a tablas dinámica (19:46)

❖ VISUALIZACIÓN DE DETALLES(29:00)

Sesión 08 de Tablas Dinámicas

Enlaces y Archivos

○ **Sesión**: Tabla Dinámicas Dependientes e Independientes
○ **Link**: http://youtu.be/sNn-k2sMK3c

• **Anexo C:** *Todos los Links del Libro Detallados*

Campos y Elementos Calculados, Orden de Resolución y Listas

Nombre de la Sesión:

Tablas Dinámicas 09. Campos y Elementos Calculados, Orden de Resolución y Listas

Número de Sesión: *09,* **Duración:** 52:04

Descripción:

En la Sesión número 9, estudiamos los campos calculados y los elementos calculados en tablas dinámicas; cuáles son sus ventajas, las consideraciones que debemos tener al momento de usarlos, así como el orden de resolución y listas.

Contenido Detallado

El número entre paréntesis y en color azul, indican el minuto en el cual se empieza a tratar la temática:

- ✓ Contextualización de la temática (01:46)

❖ CONCEPTOS BÁSICOS DE CAMPOS CALCULADOS (02:28)

- ✓ Definición 1 de campos calculados (02:34)
- ✓ Definición 2 de campos calculados (03:13)

❖ MÉTODOS PARA CREAR CAMPOS CALCULADOS (03:46)

- ✓ Método manual para crear campos calculados (04:09)
- ✓ Método de tablas dinámicas para crear campos calculados (08:18)
- ✓ Lógica de creación de los campos calculados (¿Cómo funcionan las operaciones detrás de los campos calculados?) (13:13)
- ✓ Simulación manual de un campo calculado (entendimiento) (16:55)
- ✓ Método de tablas dinámicas aplicando solo constantes (20:00)
- ✓ Método Manual Vs Método Tablas Dinámicas (25:07)
- ✓ Orden en las operaciones de campos calculados (Excel) (26:21)
- ✓ Fórmulas y Funciones en campos calculados (28:08)

✓ Especificaciones de los campos calculados (31:31)

❖ ELEMENTOS CALCULADOS EN TABLAS DINÁMICAS (33:00)

✓ Definición 1 de Elementos Calculados (33:03)
✓ Definición 2 de Elementos Calculados (33:26)
✓ Importancia de los elementos calculados (34:21)
✓ Método de tablas dinámicas para crear elementos calculados (35:30)
✓ Crear un elemento calculado (39:00)
✓ Problema 1: Orden por defecto de los elementos (41:36)
✓ Solución Problema 1: Reordenación de los elementos (42:08)
✓ Problema 2: Alteración de total - total falso (42:18)
✓ Solución 1 a problema 2: Eliminación de totales (43:10)
✓ Solución 2 a problema 2: Nuevo Elementos Calculado (43:50)
✓ Aclaración del ejemplo de elementos calculados (Texto - No fecha) (44:35)
✓ Especificaciones de los elementos calculados (47:26)

❖ ORDEN DE RESOLUCIÓN Y LISTAS (48:22)

✓ Orden de resolución (48:30)
✓ Listas (50:02)

Sesión 09 de Tablas Dinámicas

Enlaces y Archivos

○ **Sesión**: Campos y Elementos Calculados
○ **Link**: http://youtu.be/irWab8maOmE

• **Anexo C:** *Todos los Links del Libro Detallados*

Rangos de Consolidación Múltiple

Nombre de la Sesión:

Tablas Dinámicas 10. Rangos de Consolidación Múltiple

Número de Sesión: *10,* **Duración:** 33:42

Descripción:

En la sesión número 10, estudiamos los Rangos de Consolidación Múltiple en tablas dinámicas. Veremos qué son, cómo acceder a esta funcionalidad, cómo crear un reporte de tabla dinámica por rangos de consolidación de múltiple y finalmente veremos el potencial de los campos de página.

Contenido Detallado

El número entre paréntesis y en color azul indica el minuto en el cual se empieza a tratar la temática

❖ FUNDAMENTOS DE LOS RANGOS DE CONSOLIDACIÓN MÚLTIPLE (01:38)

  ✓ ¿Qué son los rangos de consolidación múltiple? (01:45)
  ✓ Condiciones para usar los rangos de consolidación múltiple (02:23)
  ✓ Cómo acceder a la funcionalidad de RCM (03:35)
  ✓ Limitaciones de los rangos de consolidación múltiple (06:08)
  ✓ Alternativas a los rangos de consolidación múltiple (07:30)
  ✓ Beneficios de los rangos de consolidación múltiple (08:10)

❖ FUNCIONAMIENTO BÁSICO DE LOS RANGOS DE CONSOLIDACIÓN MÚLTIPLE (08:56)

  ✓ Crear una tabla dinámica utilizando rangos de consolidación múltiple (09:28)
  ✓ Característica de una tabla dinámica por RCM (12:07)
  ✓ Anatomía de una tabla dinámica por rangos de consolidación múltiple (13:34)
  ✓ Campo de Columnas (13:48)
  ✓ Campo de Fila (14:31)
  ✓ Campo de Valores (15:21)

✓ Campo de Página (Equivalente a Campo de filtro) (16:10)

❖ CAMPOS DE PÁGINA EN RANGOS DE CONSOLIDACIÓN MÚLTIPLE (16:20)

✓ Opción Predeterminada de campos de página (16:27)
✓ Cero campos de página (Sin filtros) (16:58)
✓ Un campo de página (personalizado) (20:12)
✓ Dos campos de página (personalizado) (23:42)
✓ Tres campos de página ejercicio (personalizado) (29:08)
✓ Cuatro campos de página ejercicio (personalizado) (31:10)

Sesión 10 de Tablas Dinámicas

Enlaces y Archivos

- o **Sesión**: Rangos de Consolidación múltiple
- o **Link**: https://www.youtube.com/watch?v=KERU7kvU7A8

- • **Anexo C:** *Todos los Links del Libro Detallados*

Sesiones 11 a 16

Tablas Dinámicas Sesión 11 a 16

A la fecha de redacción de este libro, la serie dedicada a Tablas Dinámicas se encuentra en proceso de publicación, a este punto las sesiones 1 a 10, que fueron descritas anteriormente, están disponibles de forma inmediata en internet.

Es probable que alguna de estas sesiones (11, 12, 13, 14, 15, y 16) ya se encuentre publicada, incluso, tal vez ya todas puedan ser consultados en: (https://www.youtube.com/user/ExcelFreeblog)

Formas de Ver

Formas de Ver

La tabla debajo presenta las sesiones que se deben consultar si desea ver aquellas que más se ajusten a su conocimiento.

Forma de Ver	
Curso	**Sesiones**
Tablas Dinámicas a Profundidad	*1 a 16*
Curso Flash de Tablas Dinámicas	*1,3,4,5,7,10 y 15*
Tablas Dinámicas - Avanzado	*4,5,7,9,10,12,14 y 16*
Tablas Dinámicas - Profesional	*10,12,14 y 16*

Capítulo 1: Trucos de Presentación

Truco 01

Mostrar Texto en el Área de Valores

Ciudad	Instrumento			
	Bajos	Baterías	Guitarras	Sintetizadores
Bogotá	Sur		Sur	
Brasilia				Sur
Buenos Aires		Norte		
Lima		Norte		
Montevideo		Norte		
Santiago		Norte		

Planteamiento y Justificación

Las tablas dinámicas NO permiten mostrar valores de tipo texto en el área de valores, sin embargo, en algunas ocasiones necesitamos mostrar texto en esta parte del reporte de tabla dinámica, para que la información allí presentada se entienda fácilmente.

Formato Condicional

Como las tablas dinámicas no permiten llevar acabo esta acción, tenemos que valernos de otras funcionalidades de Excel para que en conjunto se logre realizar esta tarea, estas son: *Formato Condicional y Formato Personalizado.*

Ejemplo: Tiendas de Instrumentos Musicales

Archivo de Excel

Descargue el Archivo de este ejemplo en el siguiente Enlace:
Truco 01 – Mostrar Texto.xlsx

• **Anexo C:** *Todos los Links del Libro Detallados*

En el archivo *Trucos 01 - Mostrar Texto.xlsx,* diríjase a la hoja con nombre *Datos Ex. 1*, allí se puede apreciar la tabla de datos correspondiente al mes de Octubre del año 2012, para una compañía que tiene diversas tiendas de instrumentos musicales a nivel Latinoamérica.

Configuración de la tabla

La tabla de datos tiene los siguientes campos:

Fecha	Muestra la fecha en la cual se hizo una venta en especifico
Ciudad	Muestra en que ciudad se hizo la venta
Producto	Muestra que producto (instrumento) se vendió
Zona	Muestra en cuál de las tiendas se hizo la venta (Norte o Sur)
Zona Id	Muestra el Id de la zona (Identificador)
Ganancia	Muestra la ganancia por la venta

Ilustración 1. 1 – Descripción de los campos de la tabla de datos

Problema Planteado

Cada mes se debe observar en que ciudades hubieron ventas de algún instrumento y a su vez se debe poder observar en cuál de las dos zonas (*Norte* o *Sur*). Lo anterior se debe analizar para evaluar la viabilidad de cada tienda.

Representar los datos por medio de una tabla dinámica es una manera perfecta dado que es una de las formas más compactas y sencillas de presentar información.

Solución Del Problema

Requisito: Es fundamental que la columna que se desea visualizar en el campo de valores como texto, tenga una columna equivalente numérica, donde un número entero represente un elemento único de su equivalente texto, para este problema el campo **Zona** tiene dos elementos únicos: *Norte y Sur*, el campo **Zona id** es el equivalente numérico del campo **Zona**, donde el 1 equivale al elemento *Norte* y el 2 al elemento *Sur*, ver *Ilustración 1.2.*

Fecha			Octubre - 2012		
Fecha	Ciudad	Producto	Zona	Zona Id	Ganancia
01/10/12	Brasilia	Sintetizadores	Sur	2	US$1,600
01/10/12	Bogotá	Guitarras	Sur	2	US$1,500
01/10/12	Bogotá	Guitarras	Sur	2	US$2,000
01/10/12	Bogotá	Guitarras	Sur	2	US$2,500
01/10/12	Brasilia	Sintetizadores	Sur	2	US$1,600
01/10/12	Brasilia	Sintetizadores	Sur	2	US$2,400
01/10/12	Bogotá	Guitarras	Sur	2	US$2,500
01/10/12	Santiago	Baterías	Norte	1	US$10,000
01/10/12	Bogotá	Guitarras	Sur	2	US$2,000
01/10/12	Brasilia	Sintetizadores	Sur	2	US$800
01/10/12	Santiago	Baterías	Norte	1	US$6,000
01/10/12	Santiago	Baterías	Norte	1	US$10,000
01/10/12	Buenos Aires	Baterías	Norte	1	US$8,000

Ilustración 1. 2 – Tabla de Datos, Id Equivalentes

Crear Tabla Dinámica

Primero, Creación de la Tabla Dinámica: Creé una tabla dinámica a partir de la tabla de datos, preferiblemente en la celda **B2** de la hoja llamada *Tabla Dinámica* del archivo, lo anterior para que coincida con el ejemplo. Una vez creada la tabla dinámica, en el área de filas ubique el campo **Ciudad**, en el área de columnas situé el campo **Producto** y en el área de valores el campo **Zona Id**, la tabla dinámica debe quedar como la presentada en la *Ilustración 1.3*.

Suma de Zona Id	Etiquetas de columna				
Etiquetas de fila	Bajos	Baterías	Guitarras	Sintetizadores	Total general
Bogotá		27		31	58
Brasilia				40	40
Buenos Aires		5			5
Lima		7			7
Montevideo		5			5
Santiago		7			7
Total general	27	24	31	40	122

Ilustración 1. 3 – Creación de la Tabla Dinámica

Configurar Campo de Valor

Segundo, Configuración de Campo de Valor: Cambie la configuración del campo de valor por la **función de resumen máximo** (*Analizar -> Campo Activo -> Configuración Campo -> Máx.*) ahora la tabla dinámica debe lucir como la presentada en la *Ilustración 1.4*

Máx. de Zona Id	Etiquetas de columna ▼				
Etiquetas de fila ▼	Bajos	Baterías	Guitarras	Sintetizadores	Total general
Bogotá		2		2	2
Brasilia				2	2
Buenos Aires			1		1
Lima			1		1
Montevideo			1		1
Santiago			1		1
Total general		**2**	**1**	**2**	**2**

Ilustración 1. 4 – Configuración de Campo de Valor, Máx.

Aplicar Formato Condicional

Tercero, Aplicar Formato Condicional: Seleccione el área de valores de la tabla dinámica de izquierda a derecha, de tal forma que la celda activa quede en la parte superior izquierda de la selección (Celda **B5**), *Véase la Ilustración 1.6*. Luego, diríjase a la pestaña *inicio*, grupo *estilo*, *formato condicional* y seleccione la opción *nueva regla*. Con esto se desplegará el cuadro de diálogo que se muestra en la *Ilustración 1.5*, en este cuadro de diálogo seleccione la opción *todas las celdas que muestran valores…* Correspondiente a la tercera opción de la sección superior. *Ver Ilustración 1.5*. Posteriormente, seleccione la opción: "*Utilice una fórmula que determine las celdas para aplicar formato condicional*" como se puede observar en la *Ilustración.*

Ilustración 1. 5 – Aplicar Formato Condicional

Configurar el
Formato
Condicional

<u>Cuarto, Configuración del Formato Condicional:</u> En la caja de texto ubicada en la parte inferior del cuadro de diálogo, aplique la siguiente fórmula comparativa: **=B5=1**, esto es así porque se debe indicar la celda más a la izquierda y más arriba de la selección del área de valores, observe la *Ilustración 1.6*.

Este procedimiento se debe hacer para cada uno de los elementos del campo **Id de zonas**, es decir primero *se iguala a 1* para que aparezca la palabra *norte* en el área de valores, y luego *se iguala a 2* para que aparezca *Sur* o viceversa.

Esto se debe repetir para el número de elementos que tenga la columna, en este caso solo son dos (*Norte* y *Sur*). En el ejemplo aquí presentado se iguala primero a 1, equivalente a Norte. Una vez escrita la fórmula en la caja de texto, proceda a pulsar clic en el botón formato, esto desplegará el cuadro de diálogo Formato de celda, ver *Ilustración 1.7*, en este cuadro de diálogo nos debemos ubicar en la pestaña Número e ir a la sección Personalizada.

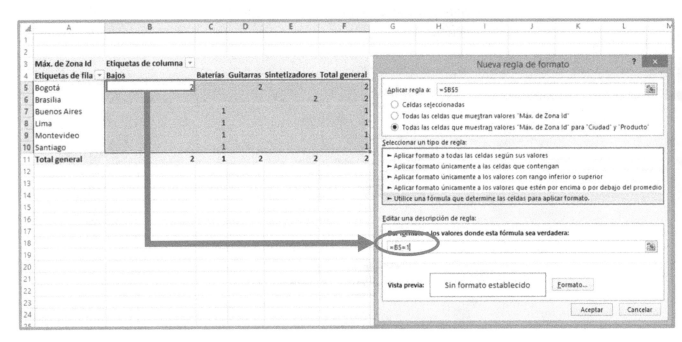

Ilustración 1. 6 – Referencia a Celda (Celda Activa Extremo Superior Izquierdo)

Ilustración 1. 7 – Formato Personalizado

Edite el cuadro de texto que se puede apreciar en la *Ilustración 1.7,* edite escribiendo el siguiente formato:

"norte";;

Explicación Del Formato Personalizado de Texto

Interpretación:

❖ Lo que se encuentra entre comillas dobles, indica reemplazar en aquellas celdas donde se cumple la condición del formato, por la pablara o frase entre comillas dobles.

❖ La parte después de las comillas dobles: ;; indica dejar vacío para valores negativos y texto.

> ## Nota:
>
> **Anexo B** trata el formato personalizado.

Confirme pulsando clic en el botón *Aceptar* en los dos cuadros de diálogo. La tabla dinámica debe lucir como la presentada en la *Ilustración 1.8*.

Máx. de Zona Id	Etiquetas de columna ▾				
Etiquetas de fila ▾	Bajos	Baterías	Guitarras	Sintetizadores	Total general
Bogotá	2		2		2
Brasilia				2	2
Buenos Aires		norte			1
Lima		norte			1
Montevideo		norte			1
Santiago		norte			1
Total general	**2**	**1**	**2**	**2**	**2**

Ilustración 1. 8 – Tabla Dinámica, palabra norte en el área de valores

Ahora proceda a repetir los pasos **3** a **5** para configurar el valor 2 del área de valores con la palabra *sur,* esto mediante el uso de formato condicional; la tabla dinámica deberá quedar como la mostrada en la *Ilustración 1.9*.

Máx. de Zona Id	Etiquetas de columna ▾				
Etiquetas de fila ▾	Bajos	Baterías	Guitarras	Sintetizadores	Total general
Bogotá	sur		sur		2
Brasilia				sur	2
Buenos Aires		norte			1
Lima		norte			1
Montevideo		norte			1
Santiago		norte			1
Total general	**2**	**1**	**2**	**2**	**2**

Ilustración 1. 9 – Tabla Dinámica, palabra norte y sur en el área de valores

Diseño y Formato del Reporte

<u>Quinto, Aplique el Diseño y Formato de una Tabla Dinámica</u>: Para darle un mejor aspecto al reporte, aplique el formato mínimo para tablas dinámicas. Finalmente el reporte debe lucir similar al mostrado en la *Ilustración 1.10*.

Ciudad	Instrumento			
	Bajos	Baterías	Guitarras	Sintetizadores
Bogotá	Sur		Sur	
Brasilia				Sur
Buenos Aires		Norte		
Lima		Norte		
Montevideo		Norte		
Santiago		Norte		

Ilustración 1. 10 – Tabla Dinámica con Texto en el área de valores

Si no está familiarizado con el diseño y formato de una tabla dinámica, puede ver la sesión número 6 de la serie dedicada a esta, en ella se trata la temática en detalle. *Véase el recuadro debajo.*

Tutorial Sobre Diseño y Formato de una Tabla Dinámica

Si el lector no sabe cómo obtener los resultados visuales mostrados en la *Ilustración 1.10,* es fundamental que vea la sesión 6 de la serie dedica a tablas dinámicas, donde se trata el diseño y formato de un reporte Pivot Table.

- **Sesión**: Diseño y Formato de una Tabla Dinámica
- **Link**: http://youtu.be/jh5jPIxAcP4
- **Minutos Claves**: (2:57minuto – 14:17minuto)
- **Estilo**: Estilo de tabla dinámica medio 6

Truco 02

Atenuar Valores Nulos

	I1	I10	I11	I12	I13	I14	I15	I16	I17	I18	I19	I2	I20	I3	I4	I5	I6	I7	I8	I9
Enero	0	7	3	2	3	4	0	15	5	4	3	3	7	1	5	3	4	2	4	9
Febrero	7	0	1	3	11	1	10	0	8	4	4	4	4	0	5	3	5	0	0	9
Marzo	0	3	0	5	12	0	7	2	0	3	4	3	0	1	1	4	1	1	11	
Abril	8	5	7	6	0	0	2	4	1	14	1	5	7	0	4	7	2	0	6	
Mayo	0	10	0	1	6	5	5	0	6	4	3	0	12	5	1	6	1	0	2	
Junio	2	12	2	3	5	5	4	4	2	5	1	6	7	5	5	10	13	0	2	
Julio	11	2	2	14	0	10	1	0	6	3	4	1	0	0	2	1	0	5	10	
Agosto	3	5	0	8	7	3	8	6	4	4	8	4	0	0	3	3	0	0	4	
Septiembre	10	5	4	3	3	3	7	5	1	8	4	0	3	9	10	2	0	5	4	
Octubre	0	0	0	0	5	7	0	2	0	7	0	6	9	6	15	7	5	8	3	
Noviembre	4	12	1	3	3	10	9	0	2	3	8	1	10	5	0	0	9	2	6	
Diciembre	4	5	6	2	4	1	6	3	0	2	15	3	5	4	7	9	3	3	4	

¿Por Qué?

Es bastante frecuente encontrarnos con datos en una tabla dinámica cuyos valores son cero, estos valores nulos son representados por defecto como celdas vacías, vea la *Ilustración 1.11*.

Suma de Unidades	Etiquetas de columna ▾																			
Etiquetas de fila ▾	I1	I10	I11	I12	I13	I14	I15	I16	I17	I18	I19	I2	I20	I3	I4	I5	I6	I7	I8	I9
Enero		7	3	2	3	4		15	5	4	3	3	7	1	5	3	4	2	4	9
Febrero	7		1	3	11	1	10		8	4	4	4	4		5	3	5			9
Marzo		3		5	12		7	2		3	4	3		1	1	4	1	1	11	3
Abril	8	5	7	6			2	4	1	14	1	5	7		4	7	2		6	1
Mayo		10		1	6	5	5		6	4	3		12	5	1	6	1		2	1
Junio	2	12	2	3	5	5	4	4	2	5	1	6	7	5	5	10	13		2	4
Julio	11	2	2	14		10	1		6	3	4	1			2	1		5	10	
Agosto	3	5		8	7	3	8	6	4	4	8	4			3	3			4	2
Septiembre	10	5	4	3	3	3	7	5	1	8	4		3	9	10	2		5	4	1
Octubre					5	7		2		7		6	9	6	15	7	5	8	3	4
Noviembre	4	12	1	3	3	10	9		2	3	8	1	10	5			9	2	6	
Diciembre	4	5	6	2	4	1	6	3		2	15	3	5	4	7	9	3	3	4	2

Ilustración 1. 11 – Tabla Dinámica, valores nulos por defecto

Cambiar Celdas Vacías por el Valor Cero

El cambio mas utilizado para brindar una mejor presentación al reporte, consiste en cambiar las celdas vacías por algún carácter que indiqué que corresponde a un valor nulo, el carácter más usado es el número cero, para hacer esto pulse clic derecho en cualquier celda del área de valores, con la acción anterior se desplegará un menú contextual donde debe seleccionar la penúltima opción, llamada: *Opciones de tabla dinámica*, una vez hecho esto se despliega un cuadro de diálogo, en el diríjase a la sección formato, una vez allí active la casilla: *Para celdas vacías, mostrar*. Después de esto digite el número 0 en el cuadro de texto inmediatamente a la derecha de la casilla, como puede observar en la *Ilustración 1.12*

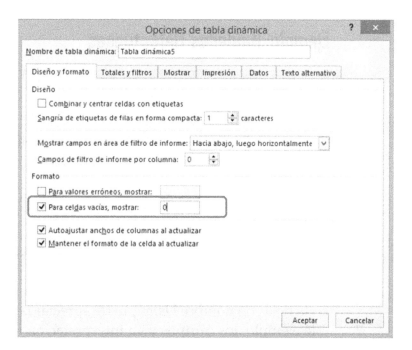

Ilustración 1. 12 – Configuración de celdas vacías

Ahora la tabla dinámica mostrará el número cero en aquellas celdas donde antes nos mostraba nada, véase la *Ilustración 1.13*

Suma de Unidades	Etiquetas de columna																		
Etiquetas de fila ▼ I1	I10	I11	I12	I13	I14	I15	I16	I17	I18	I19	I2	I20	I3	I4	I5	I6	I7	I8	I9
Enero	0	7	3	2	3	4	0	15	5	4	3	3	7	1	5	3	4	2	4	9
Febrero	7	0	1	3	11	1	10	0	8	4	4	4	4	0	5	3	5	0	0	9
Marzo	0	3	0	5	12	0	7	2	0	3	4	3	0	1	1	4	1	1	11	3
Abril	8	5	7	6	0	0	2	4	1	14	1	5	7	0	4	7	2	0	6	1
Mayo	0	10	0	1	6	5	5	0	6	4	3	0	12	5	1	6	1	0	2	1
Junio	2	12	2	3	5	5	4	4	2	5	1	6	7	5	5	10	13	0	2	4
Julio	11	2	2	14	0	10	1	0	6	3	4	1	0	0	2	1	0	5	10	0
Agosto	3	5	0	8	7	3	8	6	4	4	8	4	0	0	3	3	0	0	4	2
Septiembre	10	5	4	3	3	3	7	5	1	8	4	0	3	9	10	2	0	5	4	1
Octubre	0	0	0	0	5	7	0	2	0	7	0	6	9	6	15	7	5	8	3	4
Noviembre	4	12	1	3	3	10	9	0	2	3	8	1	10	5	0	0	9	2	6	0
Diciembre	4	5	6	2	4	1	6	3	0	2	15	3	5	4	7	9	3	3	4	2

Ilustración 1. 13 – Tabla dinámica con el número 0, representa valores nulos

El problema con la presentación mostrada en la *Ilustración anterior,* surge de lo difícil que se puede volver la lectura del reporte, además, estos valores ceros que generalmente no son tan importantes de analizar, pueden llevar a un difícil seguimiento de los datos importantes, causando distracción.

Ejemplo: Unidades Defectuosas

Archivo de Excel

Descargue el Archivo de este ejemplo en el siguiente Enlace:
Truco 02 – Atenuar Valores Nulos.xlsx

• **Anexo C:** *Todos los Links del Libro Detallados*

En la hoja con nombre *Datos* puede apreciar la tabla de datos utilizada para este ejemplo, los campos y su interpretación puede verlos en la *Ilustración 1.14.*

Mes	Muestra el Mes
Línea	Muestra una Línea de Producción
Unidades	Muestra el Número de Unidades Defectuosas por Línea y Mes

Ilustración 1. 14 – Campos de la tabla de datos

Problema Planteado

Se debe crear una tabla dinámica que muestre el número de unidades defectuosas en cada mes por cada línea, adicionalmente se debe garantizar una distinción clara en aquellos meses y líneas donde existieron unidades defectuosas.

Solución al Problema

La creación de la tabla dinámica es bastante sencilla, pero se debe garantizar una buena lectura de los valores no nulos, para hacer esto vamos a utilizar un formato distinto.

Crear Tabla Dinámica

<u>Primero, Creación de la Tabla Dinámica:</u> Creé una tabla dinámica a partir de la tabla de datos, preferiblemente en la celda **B2**, para que coincida con el ejemplo; una vez hecho esto, en el área de filas ubique el campo **Mes**, en el área de columnas ubique el campo **Línea** y en el área de valores el campo **Unidades**, la tabla dinámica debe lucir como la *Ilustración 1.11.*

Configuración de Valores Nulos

<u>Segundo, Configuración de valores nulos:</u> para las celdas vacías configure de tal forma que aparezca el número cero (0), como se explicó en la introducción del truco, la tabla dinámica debe lucir como la *Ilustración 1.13.*

<u>Tercero, Formato de Número:</u> para brindar mayor comodidad, simplemente vamos a cambiar el color de los valores cero por un gris tenue, para esto siga los pasos a continuación (Véase la *Ilustración 1.15*):

❖ Clic derecho encima del área de valores.
❖ Seleccione la segunda opción: *Formato de número.*
❖ En el cuadro de diálogo seleccione la opción *Personalizada.*
❖ En el cuadro de texto, pegue lo siguiente: **#,##0;#,##0;[Color15]#,##0**
❖ Clic en el botón aceptar.

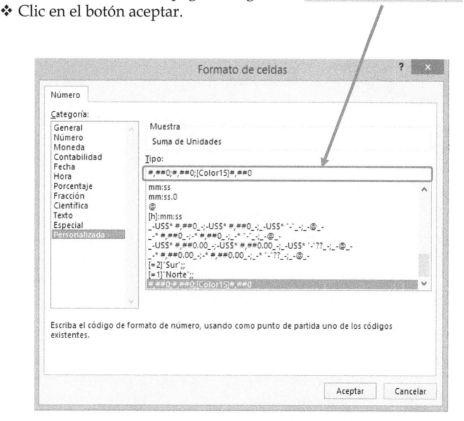

Ilustración 1. 15 – Formato Personalizado, número y color

Ahora la tabla dinámica debe lucir como la *Ilustración 1.16*.

Nota:

En la *Ilustración 1.16* se utiliza dos veces el comando disminuir Decimales

Personalizada ▼

$ ▼ % 000 ←.0 .00 .00 →.0

Para ver parte entera

Suma de Unidades	Etiquetas de columna ▼																		
Etiquetas de fila ▼	I1	I10	I11	I12	I13	I14	I15	I16	I17	I18	I19	I2	I20	I3	I4	I5	I6	I7	I8	I9
Enero	0	7	3	2	3	4	0	15	5	4	3	3	7	1	5	3	4	2	4	9
Febrero	7	0	1	3	11	1	10	0	8	4	4	4	0	5	3	5	0	0	0	9
Marzo	0	3	0	5	12	0	7	2	0	3	4	3	0	1	1	4	1	1	11	3
Abril	8	5	7	6	0	0	2	4	1	14	1	5	7	0	4	7	2	0	6	1
Mayo	0	10	0	1	6	5	5	0	6	4	3	0	12	5	1	6	1	0	2	1
Junio	2	12	2	3	5	5	4	4	2	5	1	6	7	5	5	10	13	0	2	4
Julio	11	2	2	14	0	10	1	0	6	3	4	1	0	0	2	1	0	5	10	0
Agosto	3	5	0	8	7	3	8	6	4	4	8	4	0	0	3	3	0	0	4	2
Septiembre	10	5	4	3	3	3	7	5	1	8	4	0	3	9	10	2	0	5	4	1
Octubre	0	0	0	0	5	7	0	2	0	7	0	6	9	6	15	7	5	8	3	4
Noviembre	4	12	1	3	3	10	9	0	2	3	8	1	10	5	0	0	9	2	6	0
Diciembre	4	5	6	2	4	1	6	3	0	2	15	3	5	4	7	9	3	3	4	2

Ilustración 1. 16 – Tabla Dinámica con valores nulos atenuados

¿Cómo Funciona?

El código de formato aplicado (#,##0;#,##0;[Color15]#,##0) consta de cuatro partes, se pueden diferenciar porque estan separadas por punto y coma (;)

Nota:

Para más detalle sobre formato personalizado, Véase *Anexo B: Formato Personalizado*

❖ Formato para números positivos: #,##0

❖ Formato para números negativos: #,##0

❖ Formato para el número cero: [ColorIndex]#

❖ Formato para texto: *Omitido*

En este caso, el formato para números positivos y negativos tiene el mismos esquema: #,##0 lo cual indica mostrar los dígitos significativos antes de la coma decimal; después de la coma decimal mostrar dos dígitos significativos, el cero señala mostrar un digito no significativo en la tercera, segunda o primera posición decimal si aplica.

La tercera parte [ColorIndex]# corresponde al formato para el número cero, allí se indica en los paréntesis cuadrados cual es el color deseado, mediante la palabra, **Color**, seguido del número correspondiente a la propiedad **ColorIndex**.

El número y color se puede apreciar en la *Ilustración 1.17*.

Propiedad
ColorIndex

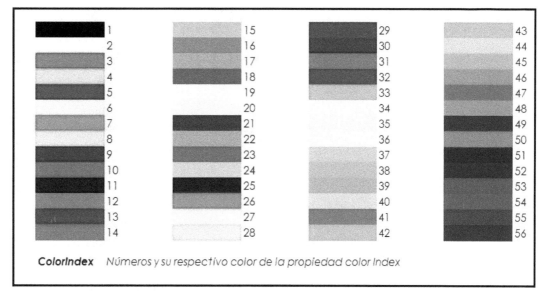

Ilustración 1. 17 – Paleta de Colores (Propiedad ColorIndex)

Nota:

Este Truco va de la mano con formato personalizado, por ejemplo si además desea que aparezca el símbolo moneda, este se debe especificar en el código del formato personalizado.

Véase el Anexo B para Mayor detalle

Ocultar Flechas de Selección

	I1	I10	I11	I12	I13	I14	I15	I16	I17	I18	I19	I2	I20	I3	I4	I5	I6	I7	I8	I9
Enero	0	7	3	2	3	4	0	15	5	4	3	3	7	1	5	3	4	2	4	9
Febrero	7	0	1	3	11															
Marzo	0	3	0	5	12															
Abril	8	5	7	6	0															
Mayo	0	10	0	1	6															
Junio	2	12	2	3	5															
Julio	11	2	2	14																
Agosto	3	5	0	8	7															
Septiembre	10	5	4	3	3															
Octubre	0	0	0	0	5															
Noviembre	4	12	1	3	3															
Diciembre	4	5	6	2	4	1	6	3	0	2	15	3	5	4	7	9	3	3	4	2

	Instrumento			
Ciudad	Bajos	Baterías	Guitarras	Sintetizado
Bogotá	Sur		Sur	
Brasilia				Sur
Buenos Aires		Norte		
Lima		Norte		
Montevideo		Norte		
Santiago		Norte		

¿Por Qué ocultar las flechas de selección?

En algunos reportes de tablas dinámicas no es necesario tener sus características de trabajo habilitadas, dado que sirven como presentación final para algún tercero, por lo cual se puede tratar de mejorar su aspecto omitiendo estas características, una de estas son las flechas de selección que sirven para ordenar, filtrar y manipular los elementos de los campos, véase la *Ilustración 1.18*.

Suma de Zona Id	Etiquetas de columna ▼				
Etiquetas de fila ▼	Bajos	Baterías	Guitarras	Sintetizadores	Total general
Bogotá	27		31		58
Brasilia				40	40
Buenos Aires		5			5
Lima		7			7
Montevideo		5			5
Santiago		7			7
Total general	**27**	**24**	**31**	**40**	**122**

Ilustración 1. 18 – Flechas de selección visible en una tabla dinámica

Ocultar las flechas de selección proporciona un reporte más limpio y presentable cuando se tiene certeza que un tercero no hará uso de sus características, en otras palabras, es un reporte de tabla dinámica únicamente de lectura y no de escritura (*de edición*).

Ejemplo: Ocultar Flechas de Selección de las Tablas Dinámicas de Los Truco 01 y 02

Archivo de Excel

Descargue el Archivo de este ejemplo en el siguiente Enlace:
Truco 03 – Ocultar Flechas de Selección.xlsx

• **Anexo C:** *Todos los Links del Libro Detallados*

Solución

En el archivo *Truco 03 - Ocultar Flechas de Selección.xlsm*, se encuentran las tablas dinámicas del *truco 01 y 02* en hojas distintas. Para brindarles un mejor aspecto, se van ocultar las flechas de selección.

❖ Pulsar clic encima de la hoja con nombre *Tablas Dinámicas – Truco 01* del archivo *Truco 03 - Ocultar Flechas de Selección.xlsm*

❖ En el menú contextual pulse clic encima de la quinta opción *Ver Código,* Véase *la Ilustración 1.19*

❖ La acción anterior lo llevara al Editor de Visual Basic en el módulo correspondiente a la *hoja Tabla Dinámicas – Truco 01,* Véase *la Ilustración 1.20*

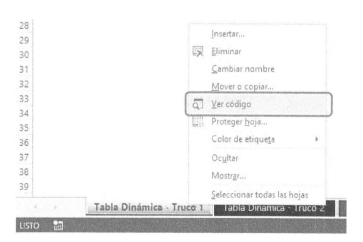

Ilustración 1. 19 – Ir al Módulo de la hoja

Ilustración 1. 20 – Editor de Visual Basic, Módulo

Código Visual Basic

Para poder ocultar las flechas de selección se debe hacer uso de programación, en realidad son unas líneas de código bastante sencillas. En el módulo copie y pegue las siguientes líneas de código Visual Basic:

Nota:

Si existen múltiples tablas dinámicas en una hoja, preferiblemente utilice el nombre de la tabla dinámica en lugar de su número de índice, así:

ActiveSheet.Pivot Tables("Tabla Dinámica1")

```
Sub OcultarFlechasDeSeleccion()

Dim TablaDinamica As PivotTable
Dim Campo As PivotField

Set TablaDinamica = ActiveSheet.PivotTables(1)

    For Each Campo In TablaDinamica.PivotFields
        Campo.EnableItemSelection = False
    Next

End Sub
```

Una vez el código este en el módulo se debe ejecutar, para esto pulse la tecla **F5**, el procedimiento ocultará todas las flechas de selección de la primera tabla dinámica en la hoja activa, ahora la tabla debe ser igual a la mostrada en la *Ilustración 1.21.*

	Instrumento			
Ciudad	Bajos	Baterías	Guitarras	Sintetizadores
Bogotá	Sur		Sur	
Brasilia				Sur
Buenos Aires		Norte		
Lima		Norte		
Montevideo		Norte		
Santiago		Norte		

Ilustración 1. 21 – Tabla dinámica sin flechas de selección y con texto en el área de valores

Para habilitar nuevamente las flechas de selección cambie la propiedad **Campo.EnableItemSelection** por True. Copie el siguiente código si lo prefiere:

```
Sub OcultarFlechasDeSeleccion()

Dim TablaDinamica As PivotTable
Dim Campo As PivotField

Set TablaDinamica = ActiveSheet.PivotTables(1)

For Each Campo In TablaDinamica.PivotFields
    Campo.EnableItemSelection = True
Next

End Sub
```

Explicación de las Líneas de Código

Explicación del código de programación

```
Sub OcultarFlechasDeSeleccion()
```

'Declaración de un objeto llamado TablaDinamica que puede contener una tabla dinámica

```
Dim TablaDinamica As PivotTable
```

'Declaración de una variable objeto llamado Campo, esta puede contener una Campo de tabla dinámica.

```
Dim Campo As PivotField
```

'Se asigna al objeto anteriormente declarado para contener una tabla dinámica, la primera tabla dinámica de la hoja activa

```
Set TablaDinamica = ActiveSheet.PivotTables(1)
```

'En un ciclo se recorre todos los campos de la tabla dinámica para ocultar las flechas de selección. Este ciclo se repetirá hasta recorrer todas los campos del reporte

```
For Each Campo In TablaDinamica.PivotFields
```

'Indica que las flechas de selección se oculten, señalando que sea igual a **False**. Si desea mostrarlo nuevamente debe ser **True**

```
Campo.EnableItemSelection = False

Next

End Sub
```

Líneas de Código Adicionales

Si por algún motivo solo desea ocultar alguna flecha de selección en específico:

```
Sub OcultarFlechasDeSeleccion()

Dim TablaDinamica As PivotTable
Dim Campo As PivotField

Set TablaDinamica = ActiveSheet.PivotTables(1)
```

'Especifique aquí el nombre del campo al cual desea
Ocultarle la flecha de selección, en este ejemplo el campo Ciudad

```
Set Campo = TablaDinamica.PivotFields("Ciudad")

Campo.EnableItemSelection = False

End Sub
```

Truco 04

Formato Tipo Cebra

Utilidad	Ciudad				
Clientes	Barranquilla	Bogotá	Bucaramanga	Cali	Cartagena
Frecuente	$1.400	$2.240	$4.060	$17.920	$560
Muy Frecuente	$4.340	$2.240	$560	$11.900	$1.680
Muy Poco Frecuente	$8.680	$3.220	$0	$0	$28.700
Poco Frecuente	$0	$27.440	$10.640	$420	$1.260
Promedio	$14.840	$28.140	$0	$280	$0

¿Qué es el formato Cebra?

Si al lector le gusta trabajar con los estilos de tablas dinámicas oscuros, vea la *Ilustración 1.22,* Probablemente habrá notado que cuando tiene dos o más campos en el área de filas, la tabla dinámica muestra colores distintos para los elementos de los dos primeros campos (*Si hay más de 2 campos, lo demás mantienen el segundo color*) resaltando toda la fila asociada al elemento.

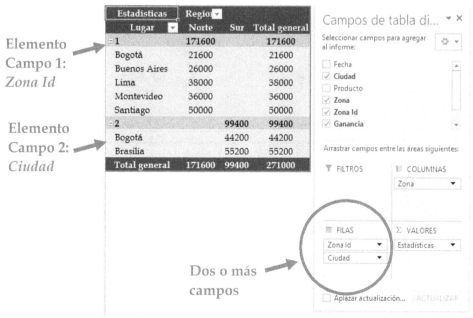

Elemento Campo 1: *Zona Id*

Elemento Campo 2: *Ciudad*

Dos o más campos

Ilustración 1. 22 – Tabla Dinámica con estilo oscuro

También podemos lograr que los elementos del mismo campo de fila, se resalten con un color diferente de forma intercalada, como lo muestra la *Ilustración 1.23*, Esto se logra fácilmente seleccionando la opción *filas con bandas* de alguno de los siguientes estilos:

❖ Claro 1 *a* 7 *y* 15 a 28
❖ Medio 15 *a* 23
❖ Oscuro 22 *a* 28

Específicamente, nos dirigimos a la pestaña *Diseño -> Opciones de tabla dinámica -> filas con bandas*.

Si no está familiarizado con el diseño y formato de una tabla dinámica, puede ver la sesión número 6 de la serie dedicada a esta, en ella se trata la temática en detalle.

Sesión 06 de Tablas Dinámicas

Enlace

   ○ **Sesión**: Diseño y Formato de una Tabla Dinámica
   ○ **Link**: http://youtu.be/jh5jPIxAcP4

• **Anexo C:** *Todos los Links del Libro Detallados*

Nota:

Esto puede variar dependiendo de las opciones Office

¿Qué sucede con los estilos?:

❖ Claro 8 *a* 14
❖ Medio 1 *a* 14
❖ Oscuros 1 *a* 21

Estos estilos agregan un borde en lugar de un color de fondo, perdiendo el patrón de colores intercalado.

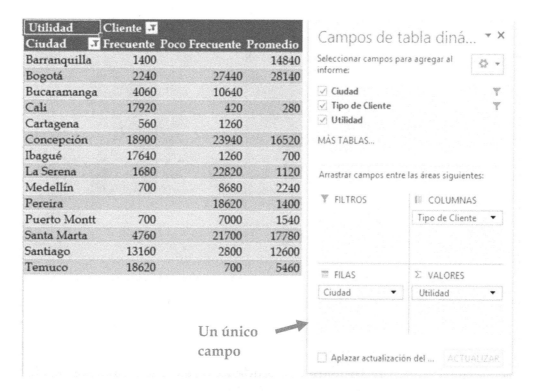

Ilustración 1. 23 – Filas con bandas, Formato cebra horizontal

Formato Cebra:

Colores intercalados entre filas o columnas.

El **patrón de colores intercalado**s mostrados en la *Ilustración inmediatamente anterior,* se conoce como **formato de Cebra** horizontal. También se puede lograr el formato de cebra de forma vertical como lo muestra la *Ilustración 1.24.* Esto se consigue seleccionando la opción *columnas con bandas* de alguno de los siguientes estilos:

❖ Claro 1 *a* 7 *y* 15 a 28
❖ Medio 15 *a* 23
❖ Claro 22 *a* 28

Específicamente, nos dirigimos a la pestaña *Diseño -> Opciones de tabla dinámica -> filas con bandas.*

Utilidad	Cliente		
Ciudad	Frecuente	Poco Frecuente	Promedio
Barranquilla	1400		14840
Bogotá	2240	27440	28140
Bucaramanga	4060	10640	
Cali	17920	420	280
Cartagena	560	1260	
Concepción	18900	23940	16520
Ibagué	17640	1260	700
La Serena	1680	22820	1120
Medellín	700	8680	2240
Pereira		18620	1400
Puerto Montt	700	7000	1540
Santa Marta	4760	21700	17780
Santiago	13160	2800	12600
Temuco	18620	700	5460

Ilustración 1. 24 – Columnas con bandas, formato cebra vertical

El **formato cebra** además de brindar una forma diferente de mostrar un reporte de tabla dinámica, es bastante útil cuando queremos que se vea distintos elementos de un campo de forma separada, o simplemente para obtener un interrupción visual de las filas o columnas de los elementos.

Pese a que podemos lograr este formato con un par de clics utilizando los estilos predefinidos, lo cierto es, que los más estéticos son lo que no ponen un color de fondo sino un borde. A Continuación se nombran los estilos que no aplican color de fondo con la opción *columnas o filas con bandas*, tenemos:

Nota:

Si se encuentra repitiendo el formato de cebra personalizado varias veces, es mejor crear el estilo personalizado.

❖ Claro 8 *a* 14
❖ Medio 1 *a* 14
❖ Oscuros 1 *a* 21

Asimismo, si queremos que el color sea uno de nuestra elección, deberíamos duplicar un estilo y modificarlo (*Esto implica tratar con todas las opciones disponibles para crear un estilo personalizado, sino se está familiarizado con estas opciones, puede ser una tarea supremamente tediosa*).

Este método es especialmente útil si Ud. Utiliza diversos formatos, en lugar de uno estándar, o si se encuentra en un computador diferente y necesita el formato de forma ágil

A continuación se presenta una manera alterna y rápida de crear un formato de cebra con colores de nuestra elección.

Ejemplo: Telefonía Datos

Archivo de Excel

Descargue el Archivo de este ejemplo en el siguiente Enlace:
Truco 04 – Formato Tipo Cebra.xlsx

- **Anexo C:** *Todos los Links del Libro Detallados*

En la hoja con nombre *Datos Ex. 4* puede apreciar la tabla de datos utilizada para este ejemplo, los campos y su interpretación puede verlos en la *Ilustración 1.25*.

Ciudad	Muestra la ciudad donde se realizo la llamada
Tipo de Cliente	Muestra cuál tipo de cliente ejecuto la llamada
Utilidad	Muestra la utiliad que generó la llamada

Ilustración 1. 25 – Descripción de los campos de la tabla de datos

Problema Planteado

A continuación vamos a crear un formato de cebra personalizado en unos pocos pasos.

Solución al Problema

Para lograr un estilo personalizado del reporte sin depender en su totalidad de los estilos preestablecidos, vamos a utilizar: *formato condicional*.

Crear Tabla Dinámica

Primero, Creación de la Tabla Dinámica: Creé una tabla dinámica a partir de la tabla de datos, preferiblemente en la celda **A3** en la hoja con nombre *tabla dinámica*, lo anterior es así para que coincida con el ejemplo.

Una vez creada la tabla dinámica, en el área de filas ubique el campo **Tipo de Cliente**, en el área de columnas situé el campo **Ciudad** y en el área de valores el campo **Utilidad**, la tabla dinámica debe lucir como la *Ilustración 1.26*

Nota:

Las *ilustraciones 26, 27, 28 y 29;* solo muestra una parte de la tabla dinámica

Suma de Utilidad	Etiquetas de columna ▾						
Etiquetas de fila ▾	Barranquilla	Bogotá	Bucaramanga	Cali	Cartagena	Con(
Frecuente	1400	2240		4060	17920	560	
Muy Frecuente	4340	2240		560	11900	1680	
Muy Poco Frecuente	8680	3220				28700	
Poco Frecuente		27440		10640	420	1260	
Promedio	14840	28140			280		
Total general	**29260**	**63280**		**15260**	**30520**	**32200**	

Ilustración 1. 26 – Tabla dinámica creación

Formato de la Tabla Dinámica

Formato para el reporte de tabla dinámica: Aplique el formato mínimo que se debe realizar en una tabla dinámica, en particular:

1. Aplicar Estilo: *Estilo de Taba Dinámica Medio 03*
2. Formato del área de valores: *Moneda con 0 Decimales*
3. Mostrar cero para valores vacíos
4. Cambiar el nombre de los campos como se muestra en la *Ilustración 1.27*
5. Fuente de la tabla dinámica: *Gill Sans MT 12*
6. Centrar los números en el área de valores (**Opcional**)
7. Quitar totales (**Opcional**)

Con los anteriores cambios, el reporte debe lucir muy similar al presentado en la *Ilustración 1.27*.

Utilidad	Ciudad ▾				
Cliente ▾	Barranquilla	Bogotá	Bucaramanga	Cali	Cartagena
Frecuente		$1.400	$2.240	$4.060	$17.920	$560
Muy Frecuente		$4.340	$2.240	$560	$11.900	$1.680
Muy Poco Frecuente		$8.680	$3.220	$0	$0	$28.700
Poco Frecuente		$0	$27.440	$10.640	$420	$1.260
Promedio		$14.840	$28.140	$0	$280	$0

Ilustración 1. 27 – Tabla dinámica con formato mínimo, Estilo Medio 03

Color único para los elementos del campo fila

Antes de aplicar el formato cebra, podemos darle un color diferente a los elementos del campo fila, de esta manera podemos diferenciarlo del área de valores con facilidad, debido a que estos quedaran con colores intercalados. *Véase la Ilustración 1.28.*

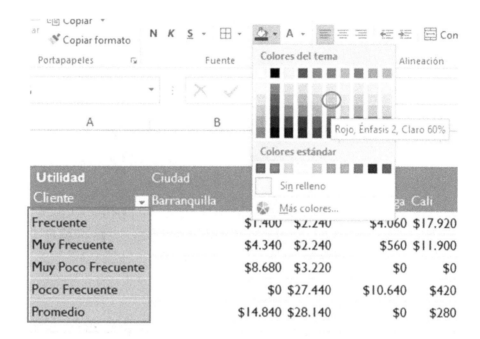

Ilustración 1. 28 – Aplicar color diferente para los elementos del campo fila

<u>Aplicar Formato Cebra:</u> Seleccione toda el área de valores dejando la celda activa en la parte superior izquierda, como lo muestra la *Ilustración 1.29*

Celda Activa

Utilidad	Ciudad					
Cliente	Barranquilla	Bogotá	Bucaramanga	Cali	Cartagena	Co
Frecuente	$1.400	$2.240	$4.060	$17.920	$560	
Muy Frecuente	$4.340	$2.240	$560	$11.900	$1.680	
Muy Poco Frecuente	$8.680	$3.220	$0	$0	$28.700	
Poco Frecuente	$0	$27.440	$10.640	$420	$1.260	
Promedio	$14.840	$28.140	$0	$280	$0	

Ilustración 1. 29 – Tabla dinámica, Celda activa

Diríjase al a pestaña *inicio*, grupo *estilo*, *formato condicional*, comando *nueva regla*. *Véase la Ilustración 1.30*.

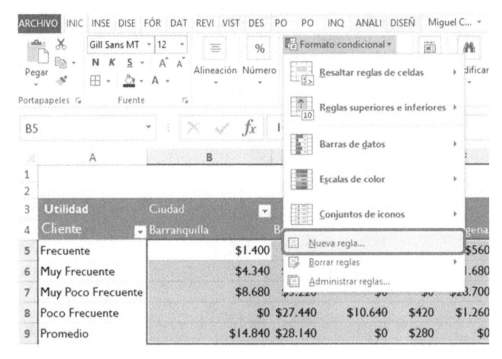

Ilustración 1. 30 – Nueva regla de formato condicional

Luego de esto aparecerá el cuadro de diálogo: *Nueva regla de formato*, en el realice lo siguiente:

1. Seleccionar la Opción: *Todas las reglas que muestren valores …*
2. Seleccionar la Opción: *Utilice una fórmula que determine las celdas para aplicar formato.*
3. En la caja de fórmula pegue las siguiente funciones anidadas:

=NO(RESIDUO(COLUMNA();2)=0)

La *Ilustración 1.31* detalla los pasos.

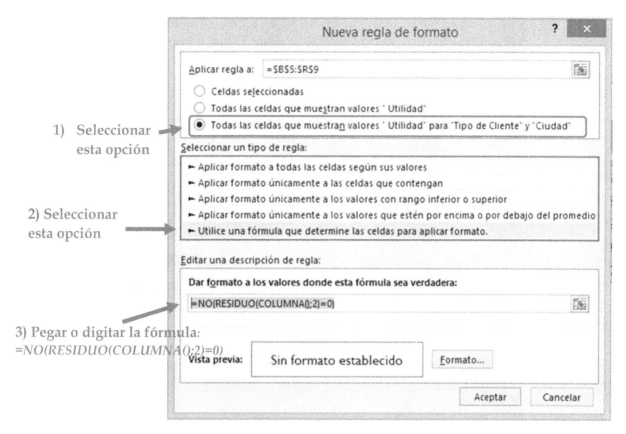

1) Seleccionar esta opción

2) Seleccionar esta opción

3) Pegar o digitar la fórmula:
=NO(RESIDUO(COLUMNA();2)=0)

Ilustración 1. 31 – Configuración del formato condicional

A continuación, clic en el botón *formato*, allí se desplegará el cuadro de diálogo: *Formato de celdas*; una vez hecho esto diríjase a la pestaña *relleno* y seleccione un color. *Véase la Ilustración 1.32*

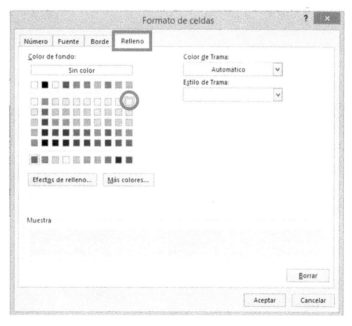

Ilustración 1. 32 – Configuración de celda para formato condicional

Posteriormente, clic en el botón *aceptar* y nuevamente en el botón *aceptar* del cuadro de diálogo *Nueva regla de formato*, ahora la tabla dinámica debe lucir muy similar a la presentada en la *Ilustración 1.33*.

Utilidad	Ciudad			
Cliente	Barranquilla	Bogotá	Bucaramanga	Cali
Frecuente	$1.400	$2.240	$4.060	$17.920
Muy Frecuente	$4.340	$2.240	$560	$11.900
Muy Poco Frecuente	$8.680	$3.220	$0	$0
Poco Frecuente	$0	$27.440	$10.640	$420
Promedio	$14.840	$28.140	$0	$280

Ilustración 1. 33 – Tabla dinámica con formato cebra vertical

Breve uso de la fórmula y sus aplicaciones:

Si la celda activa para la creación de una nueva regla de formato condicional quede en una columna par. *Véase Ilustración 1.30*, utilice la fórmula:

Columna par:

$$=NO(RESIDUO(COLUMNA();2)=0)$$

Columna impar:

$$=RESIDUO(COLUMNA();2)=0$$

Si desea realizar el formato de cebra en forma horizontal, también se puede de forma ágil. Véase la *Ilustración 1.34*.

Si la celda activa para la creación de una nueva regla de formato condicional queda una fila par, utilice la fórmula

Fila par:

$$=RESIDUO(FILA();2)=0$$

Fila impar:

$$=NO(RESIDUO(FILA();2))=0$$

Utilidad	Ciudad	▾		
Cliente ▾	Barranquilla	Bogotá	Bucaramanga	Cali
Frecuente	$1.400	$2.240	$4.060	$17.920
Muy Frecuente	$4.340	$2.240	$560	$11.900
Muy Poco Frecuente	$8.680	$3.220	$0	$0
Poco Frecuente	$0	$27.440	$10.640	$420
Promedio	$14.840	$28.140	$0	$280

Ilustración 1. 34 – Formato cebra horizontal con formato condicional

Truco 05

Formato Tipo Ajedrez

Index ▾											
Country ▾	A	B	C	D	E	F	G	H	I	J	K
France	132	106	73	94	80	55	60	93	60	89	89
Germany	97	81	67	85	116	103	65	87	81	86	69
Italy	126	82	73	70	71	88	100	130	34	97	78
Spain	76	99	82	123	139	82	101	64	105	78	127
United Kingdom	72	101	125	77	109	94	52	110	98	77	46

¿Qué es el formato Ajedrez?

Como se puede apreciar en la *imagen ilustrativa* del truco, el formato ajedrez no es más que darle un aspecto similar al tablero del juego, es decir presentar el área de valores con colores alternativos claros y oscuros entre valor y valor.

Este truco es una variación del *truco 04*. Su aplicación en un reporte es muy poco común y es difícil decir su aplicación en reportes, en todo caso se deja documentado aquí como se elabora.

Ejemplo: Indicadores

Archivo de Excel

Descargue el Archivo de este ejemplo en el siguiente Enlace:
Truco 05 – Formato Tipo Ajedrez.xlsx

• **Anexo C:** *Todos los Links del Libro Detallados*

Crear Tabla Dinámica

Primero, Creación de la Tabla Dinámica: Creé una tabla dinámica a partir de la tabla de datos, preferiblemente en la celda **A3** en la hoja con nombre *tabla dinámica*, lo anterior es así para que coincida con el ejemplo.

Una vez creada la tabla dinámica, en el área de filas ubique el campo **Country**, en el área de columnas situé el campo **Measure** y en el área de valores el campo **Index**.

Formato de la Tabla Dinámica

Formato para una tabla dinámica: Aplique el formato mínimo que se debe realizar en una tabla dinámica:

1. Aplicar Estilo: *Estilo de Taba Dinámica Medio 07.*
2. Active la opción filas con bandas.
3. Remueva totales generales.
4. Renombre los campos (*El nombre del campo columna es un espacio*).
5. Proporcione un color diferente para los elementos del campo fila.

Aplicar formato Condicional

Aplicar Formato Condicional: Seleccione toda el área de valores dejando la celda activa en la parte superior derecha.

Diríjase al a pestaña *inicio*, grupo *estilo*, *formato condicional*, comando *nueva regla.*

Luego de esto aparecerá el cuadro de diálogo: *Nueva regla de formato*, en el realice lo siguiente:

1. Seleccionar la opción: *Todas las reglas que muestren valores …*
2. Seleccionar la opción: *Utilice una fórmula que determine las celdas para aplicar formato.*
3. En la caja de fórmula pegue las siguientes funciones anidadas:

$$=ES.IMPAR(FILA()+COLUMNA())$$

La *Ilustración 1.31* detalla los pasos.

Posteriormente, clic en el botón *formato*, allí se desplegará el cuadro de diálogo: *Formato de celdas*, una vez hecho esto diríjase la pestaña *relleno* y seleccione un color.

Nota:

El truco anterior (*Truco 04*) detalla estos pasos con ilustraciones, estos son exactamente iguales, lo único que cambia es la fórmula a aplicar en el formato condicional.

Véase Truco 04

Index											
Country	A	B	C	D	E	F	G	H	I	J	K
France	22	23	14	20	19	11	13	20	15	18	19
Germany	19	16	17	21	23	18	16	15	14	18	12
Italy	25	17	16	15	15	18	21	27	9	18	17
Spain	18	19	17	25	26	19	19	14	21	18	23
United Kingdom	18	23	30	15	20	23	10	20	18	16	10

Ilustración 1. 35 – Tabla dinámica con formato ajedrez

Aplicación

Aplicaciones: Si bien la aplicación de este formato en tablas dinámicas es poco frecuente las fórmulas y su forma de elaboración deja lineamientos para la creación de gráficos tipo Waffle los cuales son de uso extendido en cuadros de mando e infografías.

A continuación se deja el enlace a un artículo que explica cómo elaborar el Waffle Chart Simple.

Enlace

Para Acceder al artículo siga este enlace:
<u>Waffle Chart / Square Pie</u>

- **Anexo C:** *Todos los Links del Libro Detallados*

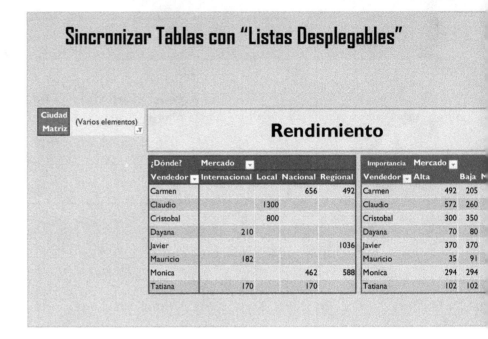

Sincronizar Reportes con Lista Desplegable

En algunas ocasiones es más fácil leer una tabla dinámica en dos reportes individuales, en lugar de presentar todo la información en una única tabla, sobre todo cuando se explica a algún a un tercero. Véase la *Ilustración 1.36*.

Información en una sola tabla

Suma de Unidades	Etiquetas de columna			Total Internacional				Total Local				Total Nacional
	Internacional				Local				Nacional			
Etiquetas de fila	Alta	Baja	Media		Alta	Baja	Media		Alta	Baja	Media	
Andrea	6	12	12	30					48	12	12	72
Camilo												
Carmen									164	164	328	656
Carolina									123	123	41	287
Claudio					572	260	468	1300				
Cristobal					300	350	150	800				
Daniel	120	135	105	360								
Dayana	70	80	60	210								
Esteban					459	357	510	1326				
Javier												
Mauricio	35	91	56	182								
Monica									84	126	252	462
Tatiana	51	51	68	170					51	51	68	170

Información en dos tablas, Lectura en 2 pasos

¿Dónde?	Mercado			
Vendedor	Internacional	Local	Nacional	Regional
Carmen			656	492
Claudio		1300		
Cristobal		800		
Dayana	210			
Javier				1036
Mauricio	182			
Monica			462	588
Tatiana	170		170	

Importancia	Mercado		
Vendedor	Alta	Baja	Media
Carmen	492	205	451
Claudio	572	260	468
Cristobal	300	350	150
Dayana	70	80	60
Javier	370	370	296
Mauricio	35	91	56
Monica	294	294	462
Tatiana	102	102	136

Ilustración 1. 36 – Información presentada en una y dos tablas

En estos casos (*Dos Reportes*) generalmente se utiliza un filtro, para presentar las dos tablas cambiando de forma sincronizada. Véase la *Ilustración 1.37.*

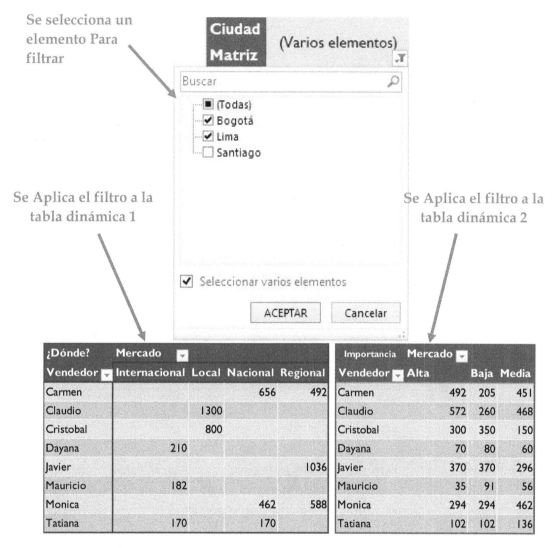

Ilustración 1. 37 – Tablas dinámicas sincronizadas a filtros, esquema

¿Cuál es el truco?

El truco aquí, es utilizar un filtro de tabla dinámica en lugar de una lista de validación de datos o un cuadro combinado (*Formulario* o *ActiveX*). El beneficio de esto es que nos proporciona funcionalidades adicionales para seleccionar y filtrar elementos, por ejemplo: el cuadro de búsqueda.

Veamos cómo hacer esta tarea…

Ejemplo: Vendedores y Tipos de Mercado

Archivo de Excel

Descargue el Archivo de este ejemplo en el siguiente Enlace:
Truco 06 – Sincronizar reportes con lista desplegable.xlsx

• **Anexo C:** *Todos los Links del Libro Detallados*

En la hoja con nombre *Datos Ex. 6* del archivo asociado a este truco, puede apreciar la tabla de datos utilizada para este ejemplo, los campos y su interpretación puede verlos en la *Ilustración 1.38*.

Vendedor	Nombre del vendedor
Ciudad Matriz	Ciudad de residencia del vendedor
Tipo de Mercado	A que tipo de mercado se dirige el vendedor
Valoración de Producto	Valoración del productos monetariamente (*alto ,medio ,bajo*)
Unidades	Unidades vendidas

Ilustración 1. 38 – Descripción de campos

Problema Planteado

Supongamos que tenemos que presentar mediante tablas dinámicas, un informe donde podamos ver cada **vendedor**, a que **mercados** se dirige y también se debe poder apreciar el número de **unidades** vendidas por cada valoración de producto.

Adicionalmente se debe mostrar la información de tal forma que dado el requerimiento se puedan visualizar los vendedores correspondientes a una ciudad específica.

Si bien podemos presentar la tabla dinámica con toda la información y añadir el campo ciudad al área de filtro, veamos una forma diferente de mostrar la información solicitada.

¿Cómo presentar la información solicitada?

Para brindar una forma alterna y de una lectura más clara, vamos a crear dos tablas dinámicas, la primera de ellas va a mostrar los vendedores y a que mercados se dirige, la segunda mostrará los vendedores y la valoración de producto, luego las sincronizaremos a una "*lista desplegable*" para que la información presentada en los dos reportes se filtren de acuerdo a la ciudad seleccionada.

Crear Tabla Dinámica 1

<u>Creación de la Tabla Dinámica 1</u>: Cree la primera tabla dinámica a partir de los datos en la hoja llamada *Ex. 06*, la ubicamos en la celda **E10** de la hoja con nombre *tabla dinámica*, esto para que coincida con el ejemplo presentado. Posteriormente situamos el campo **Vendedores** en el área de filas, el campo **Tipo de Mercado** en el área de columnas y el campo **Unidades** en el área de valores.

Diseño y Formato Tabla Dinámica 1

<u>Diseño y Formato de la Tabla Dinámica 1</u>: Aplique los siguientes cambios:

1. Aplicar Estilo: *Estilo de Taba Dinámica Oscuro 02.*
2. Habilitar: *Filas y Columnas con bandas.*
3. Quitar totales para filas y columnas.
4. Renombrar los campos como se muestra en la *Ilustración 1.39.*
5. Nombrar la tabla como: *Tabla dinámica1 (**Si es necesario**).*
6. Ajustar tamaño de columnas después de cambiar los nombres de los campos.

El fin de esta primera tabla dinámica es observar a que mercados se dirige el vendedor, mirando en el área de valores los lugares que tengan algún número (*No importa que valor contenga*). La *Ilustración 1.39* detalla lo descrito anteriormente.

¿Dónde?	Mercado			
Vendedor	Internacional	Local	Nacional	Regional
Andrea	30		72	
Camilo				1305
Carmen			656	492
Carolina			287	492
Claudio		1300		
Cristobal		800		
Daniel	360			
Dayana	210			
Esteban		1326		
Javier				1036
Mauricio	182			
Monica			462	588
Tatiana		170	170	

El vendedor "Camilo "No se dirige a mercado internacional

La vendedora "Dayana "se dirige a mercado internacional

Ilustración 1. 39 – Tabla dinámica 1

Copiar una Tabla Dinámica

Creación de la Tabla Dinámica 2: Cree la segunda tabla dinámica con el mismo origen de datos que la anterior (*Tabla Dinámica1*). Esta vez en lugar de crearla desde cero, vamos a duplicar la primera. Para esto, dejamos la celda activa en cualquier lugar dentro de la tabla dinámica, luego vamos a la pestaña *analizar*, opción *seleccionar*, *toda la tabla dinámica*. Véase la *Ilustración 1.40*.

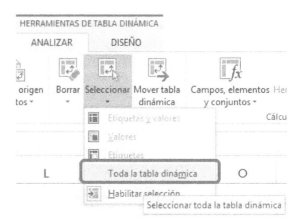

Ilustración 1. 40 – Seleccionar toda la tabla

Luego de ello, **Ctrl + C** (*Para copiar la tabla dinámica completa*), ubicamos la celda activa en **K10** (*aunque puede ser en "cualquier lugar"*) y **Ctrl + V** (*Pegamos la tabla dinámica*). Ahora tenemos dos tablas dinámicas idénticas, véase la *Ilustración 1.41*.

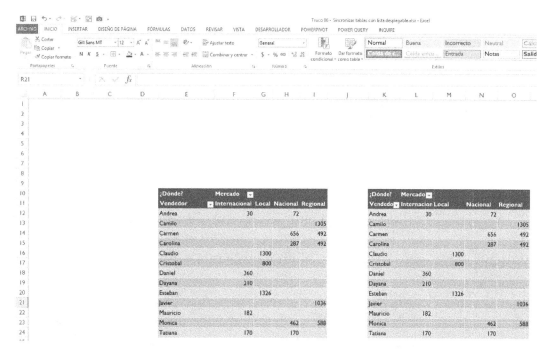

Ilustración 1. 41 – Duplicar una tabla dinámica

En la segunda tabla dinámica, cambiamos el campo **Tipo de Mercado** por **Valoración de Producto**.

Diseño y Formato Tabla Dinámica 2

Diseño y Formato de la Tabla Dinámica 2: Aplique los siguientes cambios:

1. Aplicar Estilo: *Estilo de Taba Dinámica Oscuro 03*.
2. Renombrar los campos como se muestra en la *Ilustración 1.42*.
3. Nombrar la tabla como: *Tabla dinámica2 (Si es necesario)*.
4. Ajustar tamaño de columnas después de cambiar los nombres de los campos.

La finalidad de esta segunda tabla dinámica, es observar el número de productos vendidos por cada valoración de producto según cada vendedor.

¿Dónde?	Mercado ▾			
Vendedor ▾	Internacional	Local	Nacional	Regional
Andrea	30		72	
Camilo				1305
Carmen			656	492
Carolina			287	492
Claudio		1300		
Cristobal		800		
Daniel	360			
Dayana	210			
Esteban		1326		
Javier				1036
Mauricio	182			
Monica			462	588
Tatiana	170		170	

Importancia	Mercado ▾		
Vendedor ▾	Alta	Baja	Media
Andrea	54	24	24
Camilo	270	540	495
Carmen	492	205	451
Carolina	246	205	328
Claudio	572	260	468
Cristobal	300	350	150
Daniel	120	135	105
Dayana	70	80	60
Esteban	459	357	510
Javier	370	370	296
Mauricio	35	91	56
Monica	294	294	462
Tatiana	102	102	136

Ilustración 1. 42 – Tablas dinámicas 1 y 2 con sus formatos

Tabla Dinámica de filtro – "Lista desplegable"

Ahora vamos a crear una tercera tabla dinámica con el mismo origen de datos en la celda **A1**, en ella ubicamos en el área de filtros el campo **ciudad**. Véase la *Ilustración 1.43*. Esta tabla dinámica hace las veces de "*lista desplegable*". Nombré esta tabla como: *Tabla dinámica3 (**Si es necesario**)*

	A	B	C	E	F	G	H	I	J	K	L	M	N
1	Ciudad Matriz (Todas) ▾												

¿Dónde?	Mercado ▾			
Vendedor ▾	Internacional	Local	Nacional	Regional
Andrea	30		72	
Camilo				1305
Carmen			656	492
Carolina			287	492
Claudio		1300		
Cristobal		800		
Daniel	360			
Dayana	210			
Esteban		1326		
Javier				1036
Mauricio	182			
Monica			462	588
Tatiana	170		170	

Importancia	Mercado ▾		
Vendedor ▾	Alta	Baja	Media
Andrea	54	24	24
Camilo	270	540	495
Carmen	492	205	451
Carolina	246	205	328
Claudio	572	260	468
Cristobal	300	350	150
Daniel	120	135	105
Dayana	70	80	60
Esteban	459	357	510
Javier	370	370	296
Mauricio	35	91	56
Monica	294	294	462
Tatiana	102	102	136

Ilustración 1. 43 – Tabla dinámica 3, Filtro "Lista desplegable"

Si utilizamos el filtro de la *tabla dinámica 3*, las dos primeras no cambian, para lograr este objetivo vamos a insertar un Slicer del campo **ciudad** desde cualquiera de las tablas dinámicas.

**Insertar
Slicer**

Esto lo hacemos dejando la celda activa en cualquier tabla dinámica, vamos a la pestaña *analizar*, grupo *filtrar*, comando insertar *segmentación de datos*, escogemos **Ciudad Matriz** y aceptar. Véase la *Ilustración 1.44*.

Ilustración 1. 44 – Agregar Slicer

Si se utiliza el Slicer aún no tendrá ningún efecto en *las tablas dinámicas 1 y 2.*

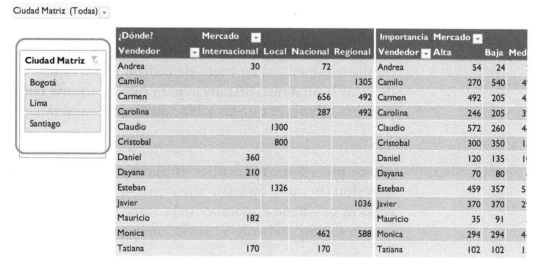

Ilustración 1. 45 – Slicer añadido

Conexión de las tablas dinámicas mediante el Slicer

Para que todos los reportes respondan al Slicer se deben conectar a este, para ello simplemente se pulsa clic derecho encima del Slicer, en el menú contextual que se despliega seleccionamos la opción: *conexión de informes…*

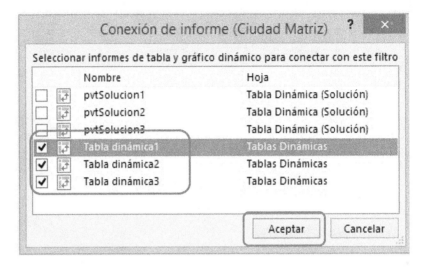

Ilustración 1. 46 – Conexión de Slicers

En el cuadro de dialogo que aparece (véase *la Ilustración 1.46*), nótese que se muestran las tablas dinámicas que se encuentran en todo el archivo, las tres primeras, son las correspondientes a la hoja *solución*, donde se encuentra este truco solucionado, mientras que las tres últimas, son las que acabemos de crear, las seleccionamos y pulsamos clic en el botón aceptar.

Si ahora utilizamos el Slicer, vemos que todas las tablas dinámicas cambian, además si en lugar de utilizar el Slicer usamos el filtro también de la tabla dinámica dispuesta para esto (la última tabla dinámica creada) podemos observar que las tablas dinámicas cambian.

Ocultar Slicer

Ahora procedemos a ocultar el Slicer. Para ello mostramos el panel de selección (*Inicio -> Buscar y seleccionar -> Panel de selección*). Allí aparecerá el Slicer que tiene el nombre del campo, lo ocultamos pulsando clic en la opción correspondiente Véase la *Ilustración 1.47*.

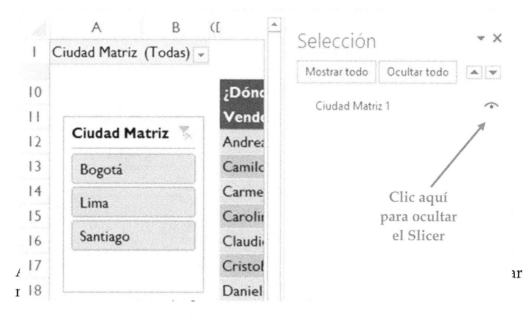

Ilustración 1. 47 – Ocultar Slicer

Nota:

Este truco también se puede aplicar con tablas estructuradas de Excel, siempre y cuando la versión sea 2013.

Truco 07

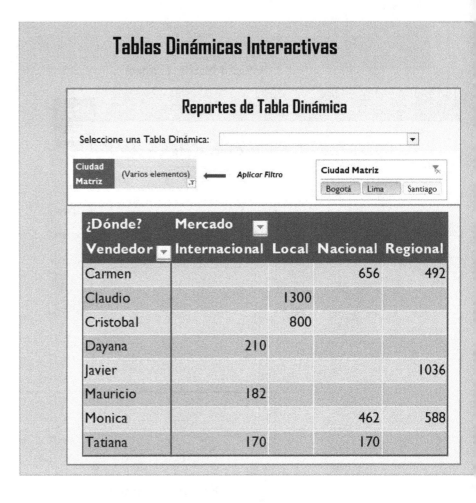

Tablas Dinámicas Interactivas

Reportes de Tabla Dinámica

Seleccione una Tabla Dinámica:

| Ciudad Matriz | (Varios elementos) | ← Aplicar Filtro | Ciudad Matriz | | |
| | | | Bogotá | Lima | Santiago |

¿Dónde?	Mercado			
Vendedor	Internacional	Local	Nacional	Regional
Carmen			656	492
Claudio		1300		
Cristobal		800		
Dayana	210			
Javier				1036
Mauricio	182			
Monica			462	588
Tatiana		170	170	

¿Interactivo o dinámico?

Este truco se puede aplicar a tablas, imágenes, gráficos, tablas dinámicas, etc. Se explica aquí dado que es bastante frecuente que tengamos que presentar varios reportes Pivot Tables, este truco es una forma organizada y llamativa de presentarlos.

El uso de la palabra interactivo alude a que se debe cambiar de forma automática de un reporte de tabla dinámica a otro, de tal forma que su resultado sea visible en un mismo lugar, lo anterior nos evitará tener que cambiar de hojas o utilizar las barras de desplazamiento para mostrar un reporte u otro.

La idea es que desde un cuadro combinado (*Formulario o ActiveX*) se seleccione un nombre descriptivo, y de forma inmediata se muestre en un lugar definido la tabla dinámica, *véase la imagen ilustrativa de este truco.*

Ejemplo: Vendedores y Tipos de Mercado

Archivo de Excel

Descargue el Archivo de este ejemplo en el siguiente Enlace:
Truco 07 – Tablas Dinámicas Interactivas.xlsx

- **Anexo C:** *Todos los Links del Libro Detallados*

Las tablas dinámicas y el diseño donde se pondrá los informes interactivos ya están creados en el archivo asociado a este truco: *Truco 07 – Tablas Dinámicas.xlsx*.

Paso 1: Agregar Cuadro Combinado

En la hoja con nombre *Tabla Dinámica* tenemos el diseño que se presenta en la *Ilustración 1.48*, en dicho diseño en el área enmarcada con rojo vamos a insertar un cuadro combinado de tipo formulario.

Ilustración 1. 48 – Insertar un Cuadro combinado

¿Cómo insertar el Cuadro Combinado ActiveX?

Lo primero es habilitar la pestaña Desarrollador en caso de que no esté disponible, para ello pulsamos clic derecho encima de cualquier nombre de pestaña, luego de esto se desplegará un menú contextual, en el pulsamos clic encima de la penúltima opción: *Personalizar la cinta de opciones*. Véase la *Ilustración 1.49*.

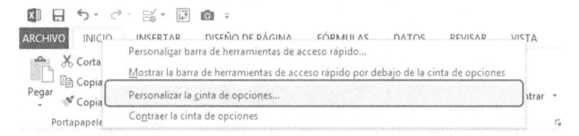

Ilustración 1. 49 – Personalizar la Cinta de Opciones

Ahora se despliega el cuadro de diálogo Opciones de Excel, allí habilitamos la pestaña desarrollador y pulsamos clic en aceptar. Véase la *Ilustración 1.50*

Ilustración 1. 50 – Habilitar Pestaña Desarrollador

Ahora procedamos a insertar el cuadro combinado, para ello vamos a la pestaña *Desarrollador*, grupo *Controles*, Opción *Insertar*, allí se desplegará una serie de controles, seleccionamos *Cuadro combinado* en la sección *controles de formulario*. Véase la *Ilustración 1.51*.

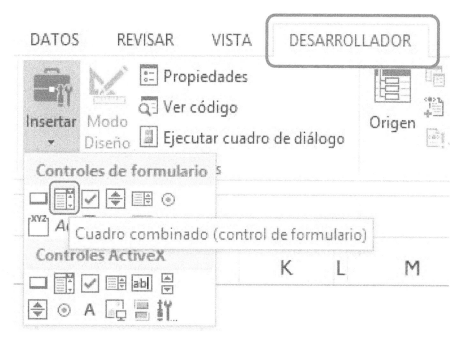

Ilustración 1. 51 – Insertar Cuadro Combinado, Control de Formulario

Ítems para el Cuadro Combinado

Proseguimos a crear la lista de ítems que aparecerán en el cuadro combinado, se deben crear tantos como tablas dinámicas individuales queremos mostrar de forma interactiva. En el archivo asociado se crearon dos ítems en el rango P2:P3 (*Es importante que los ítems tengan nombres descriptivos que nos permitan identificar a cual tabla dinámica hace referencia*). *Ilustración 1.52.*

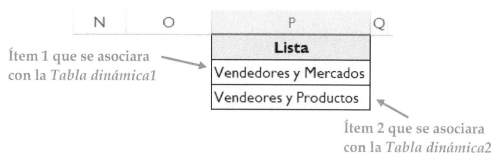

Ilustración 1. 52 – Lista de ítems

Configuración del Cuadro Combinado

Proseguimos a configurar el cuadro combinado, para ello pulsamos clic derecho encima de este y seleccionamos la última opción formato de control como se puede observar en la *Ilustración 1.53*.

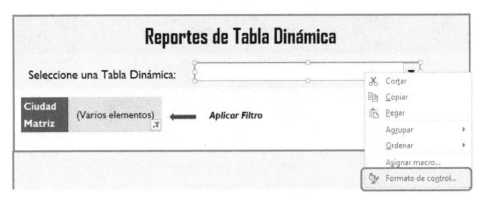

Ilustración 1. 53 – Clic derecho, formato de control

Después, nos aparece el cuadro de diálogo *Formato de control*, allí nos ubicamos en la pestaña *control* e indicamos como rango de entrada **P2:P3** (*Correspondiente a los ítems que se asocian a cada tabla dinámica*). La celda vinculada puede ser cualquiera, para este ejemplo se asocia con la celda **P14.** *Véase la Ilustración 1.54.*

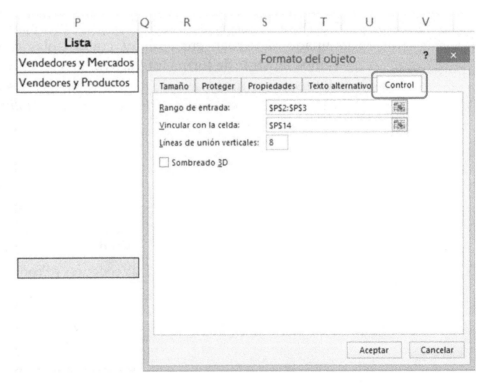

Ilustración 1. 54 – Configuración del Cuadro Combinado

Paso 2: Crear Nombres Definidos

A continuación, al conjunto de celdas donde se encuentra ubicada la tabla dinámica se le asigna un nombre definido. *Ilustración 1.55.*

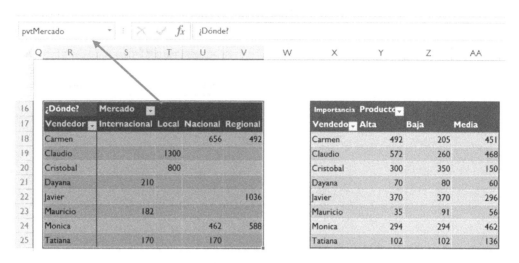

Ilustración 1. 55 – Nombrar Celdas de las tablas dinámicas

Paso 3: Crear fórmula de selección en un nombre Definido

Así en el archivo asociado nombre el área de celdas de *Tabla dinámica1* como pvtMercado, y el área de celdas de la *Tabla dinámica2* como pvtProducto. Proseguimos a crear la siguiente fórmula en cualquier celda, véase la *Ilustración 1.56.*

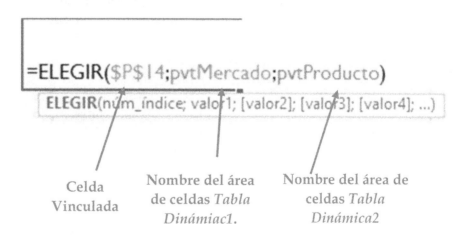

Ilustración 1. 56 – Función ELEGIR

La fórmula anteriormente creada se debe copiar y pegar en un nombre definido que llamaremos *SeleccionDeTablaDinamica*. Para hacer lo anterior pulsamos la combinación de teclas **Ctrl + F3** esto desplegará el cuadro de diálogo *Administrador de nombres* como se muestra en la *Ilustración 1.57*, allí pulsamos clic en el botón nuevo.

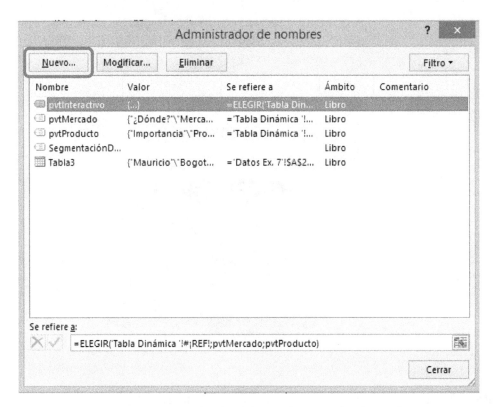

Ilustración 1. 57 – Cuadro de Diálogo: Administrador de Nombres

Con la acción anterior se despliega el cuadro de diálogo *Nombre Nuevo*, en este, en la parte *Nombre*, ponemos: **SeleccionDeTablaDinamica** y en la parte *Se refiera a:* ponemos la fórmula que creamos previamente y *Aceptar*.

Pegar aquí la fórmula mostrada en la *Ilustración 1.55*

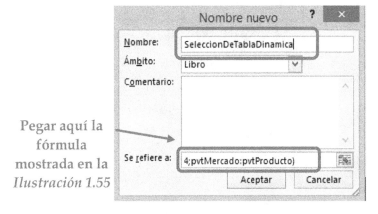

Ilustración 1. 58 – Nombre Nuevo para fórmula

Paso 4: Imagen Vinculada

Ahora procedemos a copiar cualquier rango donde se encuentre una tabla dinámica (**Ctrl + C**) y lo pegamos como Imagen vinculada. Véase la *Ilustración 1.59*.

Ilustración 1. 59 – Crear Imagen Vinculada de Tabla dinámica

Posteriormente seleccionamos la imagen vinculada en el la barra de fórmula, seleccionamos el rango y los borramos. Véase la *Ilustración 1.60*.

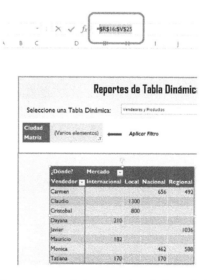

Ilustración 1. 60 – Borrar rango de imagen vinculada en la barra de fórmulas

Paso 5: Nombre de fórmula en Imagen Vinculada

Ahora procedemos a escribir el nombre de la fórmula que añadimos a un nombre definido (*SeleccionDeTablaDinamica*). Nótese que cuando escribimos las dos primeras letras un menú contextual aparece, allí está el nombre previamente creado, ahora nos desplazamos con las teclas de dirección y una vez ubicado en el pulsamos la tecla Tab y luego aceptar. *Ilustración 1.61*.

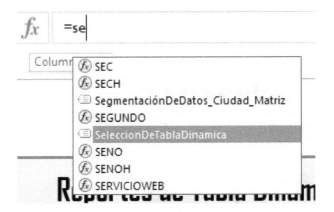

Ilustración 1. 61 – Nombre de fórmula en menú contextual

Los pasos anteriores dan como resultado una imagen de tabla dinámica que cambia cada vez que se selecciona un ítem diferente al actual en el cuadro combinado. Véase la *Ilustración 1.62*.

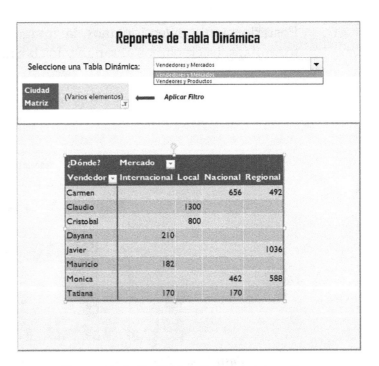

Ilustración 1. 62 – Tablas dinámicas interactivas

Mostrar Iconos en el Área de Valores

¿Dónde?	Mercado			
Vendedor	Internacional	Local	Nacional	Regional
Carmen	✗	✗	✓	✓
Claudio	✗	✓	✗	✗
Cristobal	✗			
Dayana	✓			
Javier	✗			
Mauricio	✓			
Monica	✗	✗	✓	✓
Tatiana	✓	✗	✓	✗

PivotTable Name	Camilo	Carmen	Carolina
City			
Bogotá	☺	☹	☺
Santiago	☺	☺	☹

Un Ejemplo Cotidiano

No es extraño que en ocasiones tengamos que tomar una tabla de datos y organizar rápidamente la información de tal manera que se pueda visualizar si ciertos criterios aplican o no a una o varias categorías.

Para clarificar el párrafo anterior, tomemos como ejemplo la tabla de datos presentada en la *Ilustración 1.63*.

Nota:

La *Ilustración 1.63* solo muestra una parte de la tabla

	A	B	C	D	E
1	**Vendedor**	**Ciudad Matriz**	**Tipo de Mercado**	**Valoración de Producto**	**Unidades**
2	Mauricio	Bogotá	Internacional	Baja	
3	Daniel	Santiago	Internacional	Alta	1
4	Tatiana	Lima	Nacional	Media	1
5	Andrea	Santiago	Internacional	Media	
6	Javier	Lima	Regional	Alta	3
7	Esteban	Santiago	Local	Media	5
8	Tatiana	Lima	Nacional	Baja	1
9	Daniel	Santiago	Internacional	Media	1
10	Esteban	Santiago	Local	Alta	5

Ilustración 1. 63 – Tabla de datos, Fragmento

Imagine que se necesita observar de manera clara los nombres de los vendedores y a cuales tipos de mercados se dirige, indiscutiblemente, leerlo directamente de la tabla de datos no es una opción y aunque podemos utilizar:

❖ *Filtros*
❖ *Filtros Avanzados*
❖ *Formato Condicional*
❖ *Fórmulas y Funciones*, etc., etc.

Hacerlo con tablas dinámicas es tan rápido y sencillo, que es una de las mejores alternativas.

Solución con Tablas Dinámicas

La solución con tablas dinámicas simplemente requiere situar el campo **Vendedor** en el área de filas, el campo **Tipo de Mercado** en el área de columnas y el campo **Unidades** en el área de valores. A continuación se presenta el archivo de Excel con los datos para realizar lo descrito.

Ejemplo: Vendedores y Tipos de Mercado

Archivo de Excel

Descargue el Archivo de este ejemplo en el siguiente Enlace:
Truco 08 – Mostrar Iconos en el Área de Valores.xlsx

• **Anexo C:** *Todos los Links del Libro Detallados*

En la hoja con nombre *Datos Ex. 8* del archivo, puede encontrar la tabla de datos que se muestra en la *Ilustración 1.63*. Los campos y su interpretación se detallan en la *Ilustración 1.64*.

Vendedor	Nombre del vendedor
Ciudad Matriz	Ciudad de residencia del vendedor
Tipo de Mercado	A que tipo de mercado se dirige le vendedor
Valoración de Producto	Valoración del productos monetariamente (*alto*,*medio*,*bajo*)
Unidades	Unidades vendidas

Ilustración 1. 64 – Descripción de los campos de la tabla

Lectura de la Tablas Dinámica

Una vez creada la tabla dinámica se pueden apreciar aquellos vendedores que se dirigen algún mercado, tienen un número en la intersección Fila-Columna en el área de valores, véase la *Ilustración 1.65*.

Suma de Unidades Etiquetas de columna

Etiquetas de fila	Internacional	Local	Nacional	Regional	Total general
Andrea	30		72		102
Camilo				1305	1305
Carmen			656	492	1148
Carolina			287	492	779
Claudio		1300			1300
Cristobal		800			800
Daniel	360				360
Dayana	210				210
Esteban		1326			1326
Javier				1036	1036
Mauricio	182				182
Monica			462	588	1050
Tatiana	170		170		340
Total general	952	3426	1647	3913	9938

Daniel se dirige a mercado internacional

Camilo NO se dirige a mercado Nacional

Ilustración 1. 65 – Tabla Dinámica, interpretación

Dado el fin del reporte de tabla dinámica, no nos interesa el número como tal, solamente que exista, con esto nos basta para saber si se dirige a este tipo de mercado.

Forma Mejorada para la Lectura de la Tablas Dinámica

Aunque para nuestro entendimiento la tabla dinámica funciona perfectamente bien, recordemos que la clave para que un tercero tenga una buena lectura debemos presentar la información lo más sencilla posible. El punto esencial aquí es que podemos reemplazar esos números por símbolos que faciliten la lectura, la *Ilustración 1.66* enseña esta idea.

¿Dónde?	Mercado			
Vendedor	Internacional	Local	Nacional	Regional
Carmen			✓	✓
Claudio		✓		
Cristobal		✓		
Dayana	✓			
Javier				✓
Mauricio	✓			
Monica			✓	✓
Tatiana	✓		✓	

Ilustración 1. 66 – Tabla Dinámica, Información más clara

Una opción es convertir la tabla dinámica a un conjunto de datos normales y desde allí reemplazar los valores numéricos por algún icono, no obstante, si la tabla de datos se está alimentando constantemente, entonces, deberíamos repetir el proceso anterior cada vez que esto suceda, ya que la información puede cambiar por diversos factores; en su lugar podemos mostrar estos iconos directamente en el área de valores y de esta manera hacer que se ajusten cada vez que se actualice la tabla dinámica, a esto se le puede asignar la *Macros 01* del *Capítulo 4* para que quede 100% flexible.

Justificación

La intención de toda la descripción hecha con anterioridad es brindar un ejemplo de cuando podemos aplicar iconos o figuras en el área de valores de un reporte de tabla dinámica, adicionalmente existen múltiples situaciones en las que hacer esto es supremamente útil; *mostrar una variación, resaltar y presentar categorías, aplicar iconos en formas de banderas para resaltar elementos importantes*, etc., etc.

Fuentes Simbólicas

Para llevar a cabo este truco (*Mostrar Iconos o figuras en el área de valores*) debemos hacer uso de tipografías simbólicas, estas son un tipo de letra que representa un carácter con una forma o figura. En Microsoft Office 2007, 2010 y 2013 bajo S.O Windows XP, Vista, 8 Y 8.1 contamos con las siguientes:

- ❖ Marlett
- ❖ Ms Reference Sans Serif
- ❖ Symbol
- ❖ Webdings
- ❖ Wingdings
- ❖ Wingdings2
- ❖ Wingdings3

La tabla presentada en la *Ilustración 1.67* se muestra un conjunto de caracteres de los tipos de letras mencionados, además se puede apreciar una columna con nombre carácter (*Con fondo amarillo*) que corresponde a su equivalente en la fuente por defecto de Excel (**Calibri**).

> ## Nota:
>
> El Anexo A presenta la tabla completa de los caracteres de las distintas tipografías simbólicas con su equivalente con Calibri.

No.	Cáracter	Webdings	Wingdings	Wingdings2	Wingdings3	Symbol	Marlett	MS Reference Sans Serif
73	I	🚒	♨	✆	⇉	I	⬚	I
74	J	⬆	☺	✌	⇈	ϑ	⬚	J
75	K	🚗	☺	✌	⇊	K	⬚	K
76	L	♀	☹	✊	⤴	Λ	⬚	L
77	M	💼	💣	✋	↻	M	⬚	M
78	N	👁	☠	✋	↺	N	⬚	N
79	O	👂	⚐	✗	↺	O	⬚	O
80	P	🚶	⚑	✓	↻	Π	⬚	P
81	Q	⛰	✈	☒	↻	Θ	⬚	Q
82	R	🏔	✿	☑	↺	P	⬚	R

Ilustración 1. 67 – Algunos caracteres de las fuentes simbólicas en Excel

Antes de entrar en detalle de cómo funciona este truco, algunos comentarios sobre estas fuentes y como acceder a ellas.

❖ **Wingdings3**, consiste en su totalidad en flechas.

❖ **Symbol**, contiene el alfabeto griego.

❖ **Marlett,** contiene muy pocos caracteres (*prácticamente nulos*) que puedan ser de utilidad.

❖ **Ms Reference Sans Serif** contiene caracteres fraccionarios (1/4, 1/3, 1/8, 2/3 y ½).

Entre *Webdings, Wingdings* y *Wingdings2* podemos encontrar una gran variedad de figuras para suplir nuestro requerimiento. En la tabla presentada en la *Ilustración 1.68* extraemos aquellos que son mayormente utilizados y agrupados por afinidad para su aplicación en distintos escenarios.

Nota:

Tanto la tabla presentada en la *Ilustración 1.67* como el Anexo A se pueden consultar de forma directa en el archivo de Excel asociado a este truco.

Caracteres de
las fuentes
Simbólicas Más
utilizados

Carácter
Equivalente

No.	Cáracter	Webdings	Wingdings	Wingdings2
67	C		👍	
68	D		👎	
74	J		☺	
75	K		☺	
76	L		☹	
77	M		💣	
78	N		☠	
79	O			✕
80	P			✓
81	Q			☒
82	R		✿	☑
83	S		●	
84	T		❄	
113	q	⟨⟩		
114	r	✖		
115	s	?		
207	Ï	🔒		
208	Đ	🔓		
209	Ñ	⚊		
215	×	☁		
216	Ø	🌧		
217	Ù	☁		
218	Ú	🌧		
219	Û	🌧		
220	Ü	☂		
221	Ý	☂		
251	û		✕	
252	ü		✓	
253	ý		☒	
254	þ		☑	

Ilustración 1. 68 – Símbolo más utilizados y agrupados por afinidad

¿Cómo Consultar las Fuentes Simbólicas?

Si el lector desea consultar estas fuentes y sus caracteres sin tener que recurrir a las tablas presentadas aquí, cuenta con dos opciones principales:

1. Búsqueda e Inserción Directa
2. Construcción de la taba

Búsqueda e Inserción Directa

Búsqueda e inserción directa: Si desea mirar los caracteres directamente en Excel simplemente diríjase al pestaña *Insertar*, grupo *Símbolos* y pulse clic encima del comando *Símbolo*, con esta acción se desplegará un cuadro de diálogo donde podrá apreciar una lista desplegable con los nombres de las fuentes, allí seleccione la que desea consultar y con esto podrá ver en el cuerpo del cuadro de diálogo todos los caracteres de dicha fuente. *Véase la Ilustración 1.69.*

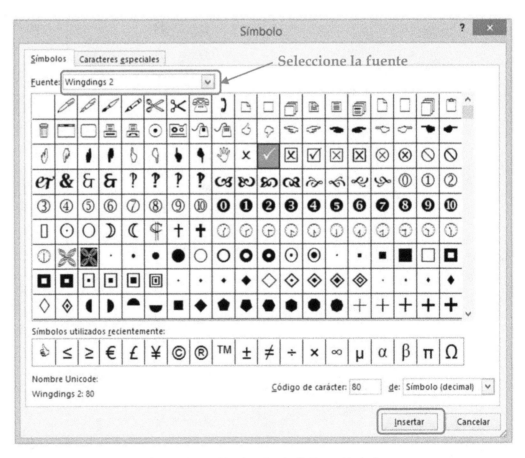

Ilustración 1. 69 – Cuadro de diálogo: Símbolo

Una vez encontrado clic en el botón insertar y luego en cerrar, de esta manera se pueda apreciar en la hoja de cálculo el símbolo y en la barra de fórmulas su carácter equivalente. Véase la *Ilustración 1.70*

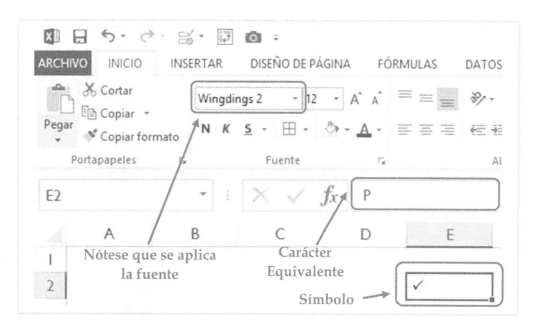

Ilustración 1. 70 – Inserción del Símbolo

Construcción de la Tabla

Construcción de la Tabla: También se puede construir la tabla completa si es necesario, para ello preferiblemente hacerlo en una nueva hoja de Excel.

Ahora nos ubicamos en la celda **A1** y aplicamos la siguiente fórmula

$$=CARACTER(FILA())$$

Luego de esto arrastramos la fórmula en **A1** hasta la Celda **G1**, véase la *Ilustración 1.71*.

Ilustración 1. 71 – Arrastrar fórmula de A1 a G1

Después arrastramos las fórmulas aplicadas hasta las fila 255, véase la *Ilustración 1.72.*

	A	B	C	D	E	F	G
228	ä	ä	ä	ä	ä	ä	ä
229	å	å	å	å	å	å	å
230	æ	æ	æ	æ	æ	æ	æ
231	ç	ç	ç	ç	ç	ç	ç
232	è	è	è	è	è	è	è
233	é	é	é	é	é	é	é
234	ê	ê	ê	ê	ê	ê	ê
235	ë	ë	ë	ë	ë	ë	ë
236	ì	ì	ì	ì	ì	ì	ì
237	í	í	í	í	í	í	í
238	î	î	î	î	î	î	î
239	ï	ï	ï	ï	ï	ï	ï
240	ð	ð	ð	ð	ð	ð	ð
241	ñ	ñ	ñ	ñ	ñ	ñ	ñ
242	ò	ò	ò	ò	ò	ò	ò
243	ó	ó	ó	ó	ó	ó	ó
244	ô	ô	ô	ô	ô	ô	ô
245	õ	õ	õ	õ	õ	õ	õ
246	ö	ö	ö	ö	ö	ö	ö
247	÷	÷	÷	÷	÷	÷	÷
248	ø	ø	ø	ø	ø	ø	ø
249	ù	ù	ù	ù	ù	ù	ù
250	ú	ú	ú	ú	ú	ú	ú
251	û	û	û	û	û	û	û
252	ü	ü	ü	ü	ü	ü	ü
253	ý	ý	ý	ý	ý	ý	ý
254	þ	þ	þ	þ	þ	þ	þ
255	ÿ	ÿ	ÿ	ÿ	ÿ	ÿ	ÿ

Ilustración 1. 72 – Arrastrar fórmulas hasta la fila 255

Ahora seleccionamos toda la **Columna A** y verificamos que tenga la fuente *Calibri* aplicada, en caso contrario, seleccionamos dicha fuente y la aplicamos a toda la columna. Véase la *Ilustración 1.73.*

Nota:

La Columna A
Corresponde a
los Caracteres
Equivalentes

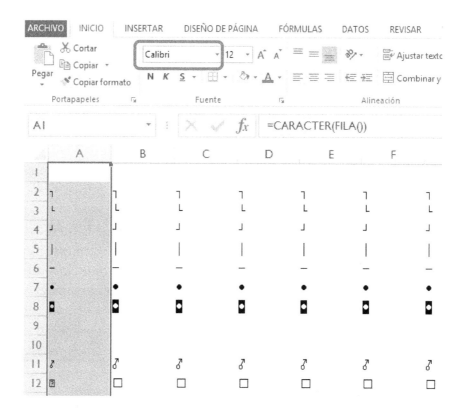

Ilustración 1. 73 – Aplicar fuente Calibri a la Columna A

El siguiente paso es seleccionar toda la **Columna B**, pero en esta aplicamos la fuente: ***Webdings.*** *Véase la Ilustración 1.74.*

Ilustración 1. 74 – Aplicar Fuente Webdings a la Columna B

Esto lo repetimos con las demás columnas (C,D,E,F,G) aplicando las fuentes simbólicas, en particular:

❖ Columna C: Aplicamos **Wingdings**
❖ Columna D: Aplicamos **Wingdings2**
❖ Columna E: Aplicamos **Wingdings3**
❖ Columna F: Aplicamos **Marlett**
❖ Columna G: Aplicamos **Ms Reference Sans Serif**

Nota:

La Columna donde aplique la fuente no importa, en la columna B puede ser Wingdings3 o como lo prefiera, Sin embargo, es altamente recomendable dejar la primera columna con la fuente Calibri, para en ella poder apreciar el carácter equivalente.

Véase la Anexo A

Una vez hecho lo anterior nos ubicamos a partir de la fila 33, desde allí podremos apreciar las distintas figuras de las tipografías simbólicas. Véase la _Ilustración 1.75._

	A	B	C	D
33	!			
34	"			
35	#			
36	$			
37	%			
38	&			
39	'			
40	(			
41	)			
42	*			
43	+			
44	,			

Ilustración 1. 75 – Construcción de la tabla de Símbolos

¿Por qué el Carácter Equivalente es tan importante?

Se ha venido mencionando el carácter equivalente hasta el momento, pero no se ha respondido a la pregunta. ¿Cuál es su importancia o si importa en alguna medida?, la respuesta, es la clave para este truco.

Como vamos a ver inmediatamente el carácter equivalente es el que debemos utilizar en nuestro formato personalizado, - *Así es, el formato personalizado es la clave de este truco* –

Iconos en el Área de Valores

Retomemos la tabla dinámica que habíamos creado al principio (*Ilustración 1.65*). Desactivemos en esta los totales generales. Ahora vamos a reemplazar los números por unos iconos descriptivos, las figuras No. **79** y **80** de **Windings2** se ajustan perfectamente. *Véase la Ilustración 1.76.*

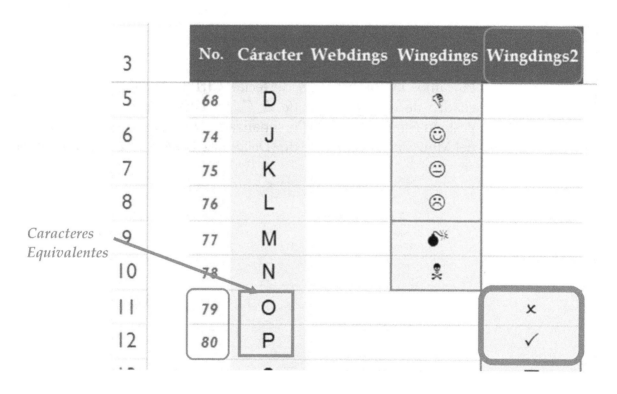

Ilustración 1. 76 – Figuras Seleccionadas para la Tabla Dinámica

Primer Paso

Seleccionamos el área de valores de izquierda a derecha y de arriba abajo, con esto queda la celda activa en la parte superior izquierda de la selección. Véase la *Ilustración 1.77.*

Suma de Unidades	Etiquetas de columna			
Etiquetas de fila	Internacional	Local	Nacional	Regional
Andrea		30		72
Camilo				1305
Carmen			656	492
Carolina			287	492
Claudio	1300			
Cristobal	800			
Daniel	360			
Dayana	210			
Esteban	1326			
Javier				1036
Mauricio	182			
Monica			462	588
Tatiana	170	170		

Ilustración 1. 77 – Selección de izquierda a derecha, arriba debajo de la tabla dinámica

Segundo Paso

Pulsamos la combinación de teclas **Ctrl + 1** para que se despliegue el cuadro de dialogo: *Formato de Celda*, Una vez allí nos ubicamos en la pestaña *Número*, sección Personalizada y situamos el punto de inserción del Mouse en la caja de texto (*Donde dice General*). *Véase la Ilustración 1.78.*

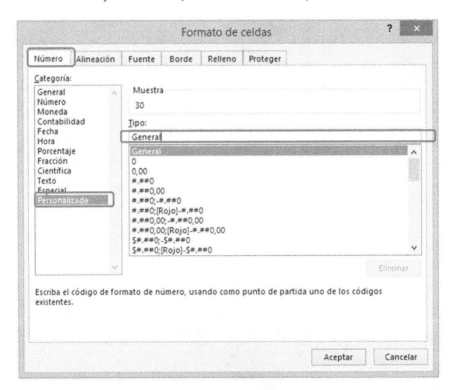

Ilustración 1. 78 – Cuadro de Diálogo: Formato de Celda

Tercer Paso

En el cuadro de texto pegamos el siguiente formato personalizado:

[Color10]"P";;

Véase la *Ilustración 1.79*. Después de pegar el formato, pulsamos clic en el botón *aceptar*, la tabla dinámica resultante se muestra en la *Ilustración 1.80*. Para que las figuras se muestren se debe cambiar la fuente del área de valores por el tipo de letra simbólica correspondiente, sabemos de la tabla mostrado en *la Ilustración 1.76* que es **Wingdins2**. Una vez hecho esto tenemos el resultado deseado, véase la *Ilustración 1.81*.

Ilustración 1. 79 – Agregar Formato Personalizado

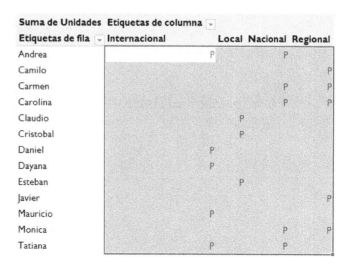

Suma de Unidades	Etiquetas de columna			
Etiquetas de fila	Internacional	Local	Nacional	Regional
Andrea	P		P	
Camilo				P
Carmen			P	P
Carolina			P	P
Claudio		P		
Cristobal		P		
Daniel	P			
Dayana	P			
Esteban		P		
Javier				P
Mauricio	P			
Monica			P	P
Tatiana	P		P	

Ilustración 1. 80 – Tabla dinámica después de aplicar formato personalizado (Sin fuente simbólica)

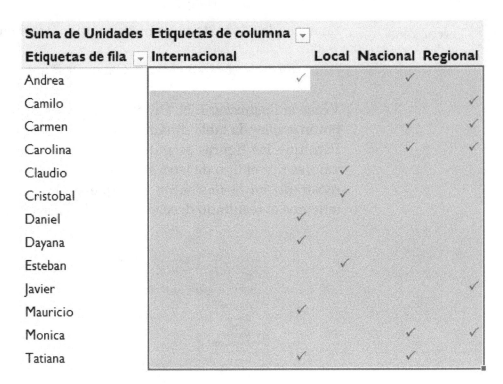

Ilustración 1. 81 – Tabla Dinámica configuración en el área de valores

Cuarto Paso   Para aplicar una figura a las celdas vacías en el área de valores, primero se debe configurar la tabla dinámica para que muestre valores ceros.

Para hacer esto, dejamos la celda activa en la tabla dinámica, vamos a la pestaña *Analizar*, grupo *Tabla Dinámica* y comando *opciones*, allí ubicamos la casilla: *Para celdas vacías, mostrar:*, agregamos un cero (0) y aceptamos. Ahora modifique el formato personalizado con el siguiente:

[Color10]"P";;[Rojo]"O";

Con lo anterior la tabla dinámica queda como la presentada en la *Ilustración 1.82.*

Etiquetas de fila	Internacional	Local	Nacional	Regional
Andrea	✓	✗	✓	✗
Camilo	✗	✗	✗	✓
Carmen	✗	✗	✓	✓
Carolina	✗	✗	✓	✓
Claudio	✗	✓	✗	✗
Cristobal	✗	✓	✗	✗
Daniel	✓	✗	✗	✗
Dayana	✓	✗	✗	✗
Esteban	✗	✓	✗	✗
Javier	✗	✗	✗	✓
Mauricio	✓	✗	✗	✗
Monica	✗	✗	✓	✓
Tatiana	✓	✗	✓	✗

Ilustración 1. 82 - Reporte de Tabla Dinámica con Figuras en el área de valores

Ya conocemos los pasos para agregar una figura al área de valores, pero un tema vital es comprender el formato personalizado, si bien el **Anexo B** explica detenidamente y a profundidad el formato personalizado en Excel, a continuación brindamos una breve explicación de este, con especial énfasis a la estructura que utilizamos para mostrar iconos o figuras en el área de valores.

¿Qué es el Formato Personalizado?

El formato personalizado es un código de cadena de texto para crear un formato a la medida de nuestras necesidades, así, no estamos condicionados a utilizar únicamente los formatos: *Número, Moneda, Fecha Corta, Fecha Larga, Hora Porcentaje, Fracción, Científica, Texto y Especial.* Por ejemplo si trabajamos con cálculos de área, tal vez sea conveniente que nuestras celdas se muestre con un formato como: 214,12 m²

¿Cómo Funciona?

Todo formato personalizado sigue una estructura predefinida en el cual se le indica el "*aspecto*" que va tener cada valor en las celdas que se aplique, dicho de otro modo se debe indicar:

1. **Formato Números Positivos**
2. Formato Números Negativos
3. **Formato para el Número 0**
4. **Formato para valores de tipo Texto**

Nota:

Siempre se debe indicar en el orden preestablecido. *Positivo; Negativo; Cero; Texto*

Lo anterior se deben proporciona en un orden preestablecido separados por punto y coma (;), así:

$$\text{Positivos; Negativos; Cero; } \mathbf{Texto}$$

Es decir, primero se indica el código para darle formato a aquellos números estrictamente mayores que 0, en segundo lugar se señala el formato a aquellos valores que son menores que 0, en tercer lugar se indica el formato para número 0 y por último el formato para contenido texto en las celdas.

Para crear el formato debemos utilizar ciertos caracteres que nos sirven como instrucciones para lograr el formato que queremos, el *Anexo B* de este libro proporciona en detalle esta información. Para propósitos de este truco solo se va explicar el color y texto.

Explicación Del Formato Personalizado Utilizado

Ahora podemos identificar fácilmente los elementos del formato personalizado que se le aplico a la tabla dinámica anterior.

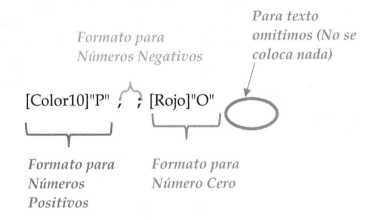

Desglosemos el esquema presentado para *Número Positivo*, que consta de dos partes, un color y un carácter:

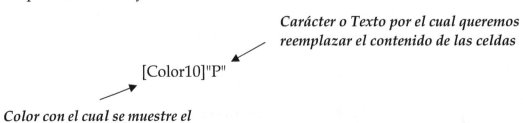

En primer lugar se indica el color que se aplica entre paréntesis cuadrados **[ColorDeseado]**, para ello podemos utilizar alguno de los 8 nombres de colores preestablecidos, estos son:

1. Aguamarina
2. Amarillo
3. Azul
4. Blanco
5. Magenta
6. Negro
7. Rojo
8. Verde

Aunque no tenemos por qué limitarnos a estas 8 opciones, también contamos con una paleta de 56 colores, véase *la Ilustración 1.83*, solo que en lugar de indicar el nombre de color se indica la palabra Color seguido de un número, por ejemplo **[Color22]**

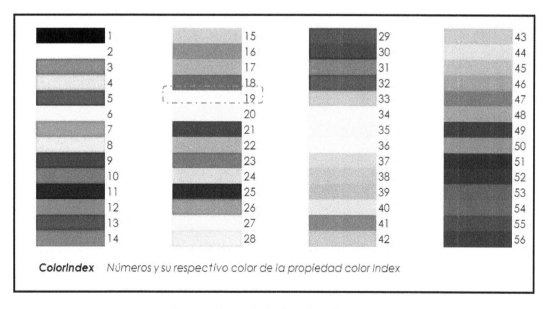

ColorIndex *Números y su respectivo color de la propiedad color Index*

Ilustración 1. 83 – Paleta de Colores (56)

En Segundo lugar tenemos entre comillas dobles "P" lo cual indica reemplazar el valor de las celdas por esta letra o cualquier cadena de texto que pongamos allí.

Así la primera parte indica a los números positivos donde se aplica el formato personalizado, cambiar el contenido por la letra P y aplicar el Color 10. Véase *la Ilustración 1.83.*

¿Por qué funciona?

La segunda parte del formato personalizado es la clave, dado que se está reemplazando el contenido por el carácter equivalente de la fuente simbólica que queremos utilizar, como posteriormente cambiamos el tipo de letra por el correspondiente simbólico, entonces aparece la figura. Véase la *Ilustración 1.76.*

Tipografías Simbólicas Externas

Aunque las fuentes simbólicas que provee office son diversas, no estamos limitados a ellas, también podemos hacer uso de tipografías simbólicas externas, pero únicamente si el reporte de tabla dinámica se presenta desde nuestro computador.

Las *ilustraciones 1.84 y 1.85* muestran dos reportes de tablas dinámicas que utilizan tipografías simbólicas externas.

Restaurante	Food	Sp	% S	Inmediate
⊟ Aw Food		193	6,44%	
	Fries	61	2,04%	
	Hamburger	50	1,67%	
	Hot Dog	64	2,14%	
	Pizza	18	0,60%	
⊞ Corner Of'F		149	4,97%	
⊞ Daily		170	5,67%	
⊞ DD All		145	4,84%	
⊞ Favoritie		216	7,21%	
⊞ FF Alw		209	6,97%	
⊟ Horizon		237	7,91%	
	Fries	82	2,74%	
	Hamburger	64	2,14%	
	Hot Dog	10	0,33%	
	Pizza	81	2,70%	
⊞ King Rz		178	5,94%	

Ilustración 1. 84 – Tabla Dinámica con figuras Externas

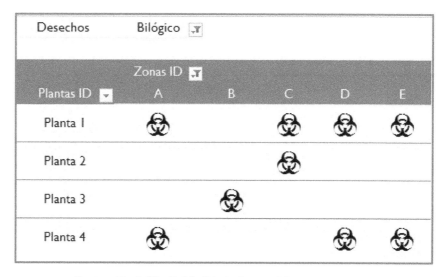

Ilustración 1. 85 – Tabla Dinámica con Figuras Externas, 2

Si el reporte de tabla dinámica se crea para publicar en internet o cualquier medio web, entonces se debe evitar utilizar este truco ya que las tipografías digitales simbólicas no se verán reflejada, dejando invalidado el truco aquí explicado.

Nota:

Se puede aplicar la misma idea de este truco para mostrar iconos pero en los Slicer lo cual es bastante útil en la creación de cuadros de mando y tableros de control.

Véase la Anexo A

Habilitar Hipervínculos en un Campo

| País | (Todas) |

VISITAS	Hiper		
Web	Kroger	Sears Holding	Walmart
http://www.searsholdings.com/		1,5E+10	1,5E
http://www.target.com/			5,7E+09 5,7E
http://www.walmart.com/			2,6E+10 2,6E
https://www.kroger.com/	1,1E+10		1,1E
	1,1E+10	1,5E+10	3,2E+10 5,8E

Enlaces Web en Pivot Tables

Cuántas veces no hemos creado una tabla dinámica donde utilizamos como campo la web del proveedor, compañía, cliente, etc. Pero para nuestra sorpresa los hipervínculos no quedan habilitados.

En este truco vamos a ver una forma de habilitar los hipervínculos en un campo de tabla dinámica de forma indirecta.

Ejemplo: Hipermercados

Archivo de Excel

Descargue el Archivo de este ejemplo en el siguiente Enlace:
Truco 09 – Habilitar Hipervínculos en un Campo.xlsm

• **Anexo C:** *Todos los Links del Libro Detallados*

Este truco se explica con el archivo número 09 (*Truco 09 – Habilitar Hipervínculos en un Campo.xlsm*).

Creación de la Tabla Dinámica

A partir de la tabla en el la hoja con nombre *Datos* del archivo asociado al truco, cree una tabla dinámica en la hoja con el mismo nombre en la Celda **A1**, en ella coloque el Campo **Web** en el área de filas, el Campo **Hiper** en el área de Columnas, el Campo **País** en el área de filtros y el Campo **Visitas** en el área de Valores.

La tabla dinámica queda como la presentada en la *Ilustración 1.86*.

Nota:

Las Ilustración 1.86, 1.87 muestra solo una parte de la tabla dinámica

Suma de Visitas	Etiquetas de columna		
Etiquetas de fila	Costco	Home Depot	Kroger
http://www.costco.com/	5819892790		
http://...		6489601315	
http://www.searsholdings.com/			
http://www.target.com/			
http://www.tesco.com/			
http://www.walmart.com/			
https://www.kroger.com/			11465327372
Total general	5819892790	6489601315	11465327372

País (Todas)

Ilustración 1. 86 – Tabla Dinámica con Enlaces Web

Si nos ubicamos en alguno de los links, podemos observar que todavía nos muestra tooltip de la web, véase la *Ilustración 1.86*, sin embargo, si pulsamos dos veces clic encima de este, no nos lleva a la página web que sería lo deseado.

Primer Paso

En primera instancia vamos a darle un formato de hipervínculos a este campo para que aparezca enlace Web.

Para esto vamos a la pestaña *Inicio*, grupo *Estilo*, desplegamos las opciones de *Estilo de Celda* y seleccionamos *Hipervínculo*, Véase la *Ilustración 1.87*.

Ilustración 1. 87 – Aplicar Formato de Hipervínculo

Ahora la tabla dinámica tiene el campo con apariencia Web. Véase la *Ilustración 1.88*. No obstante simplemente es el aspecto, su comportamiento debemos modificarlo con algo de VBA.

Ilustración 1. 88 – Tabla Dinámica con Campo Web

Segundo Paso En segunda instancia vamos a crear el código VBA para que este campo actué como hipervínculos propiamente.

❖ Pulsa clic encima de la hoja con nombre *Tablas Dinámicas* del archivo *Truco 09 – Habilitar Hipervínculos en un Campo.xlsm*

❖ En el menú contextual pulse clic encima de la quinta opción *Ver Código,* Véase *la Ilustración 1.89.*

❖ La acción anterior lo llevara al Editor de Visual Basic en el módulo correspondiente a la *hoja Tabla Dinámicas.*

Ilustración 1. 89 – Ver Código

Código Visual Basic

Copie y pegue las siguientes líneas de código Visual Basic:

```
Private Sub Worksheet_SelectionChange (ByVal Target As Range)

Dim Campo As PivotField
Dim sCampo As String
```

```
sCampo = "Web"

On Error Resume Next: Set Campo = Target.PivotField

If Not Campo Is Nothing Then
If Campo.Name =  sCampo Then
ThisWorkbook.FollowHyperlink Address:=Target.Value,NewWindow:=True

End If

End If

End Sub
```

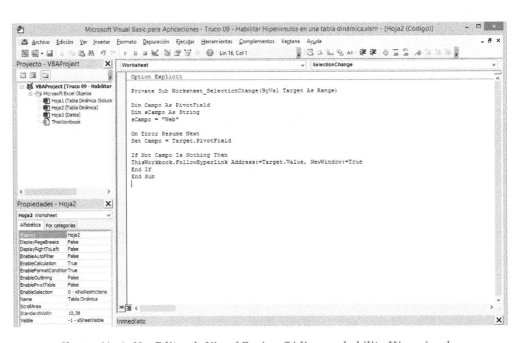

Ilustración 1. 90 – Editor de Visual Basic y Código que habilita Hipervínculos

Explicación de las Líneas de Código	Explicación del código de programación
	'Evento que se ejecuta cuando la selección de una hoja se cambio o se actualiza
	Private Sub Worksheet_SelectionChange (ByVal Target As Range)
	'Variable Objeto para contener una tabla dinámica
	Dim Campo As PivotField

```vba
'Variable de Cadena de carácteres para asignar el nombre del campo que
contiene hipervínculos

Dim sCampo As String

'A esta variable se le asigna el nombre del campo (como aparece en el
origen de datos)- Cambiara dependiendo de nustros datos en especifico

sCampo = "Web"

'Manejo de Errores

On Error Resume Next

'Se le asigna al variable Campo la tabla dinámica donde se hace clic

Set Campo = Target.PivotField

'Prueba que el campo no este vacío

If Not Campo Is Nothing Then

'Prueba que el campo corresponda al de hipervínculos

If Campo.Name =  sCampo Then

'Evento para ir al hipervínculo

ThisWorkbook.FollowHyperlink Address:=Target.Value,NewWindow:=True

End If

End If

End Sub
```

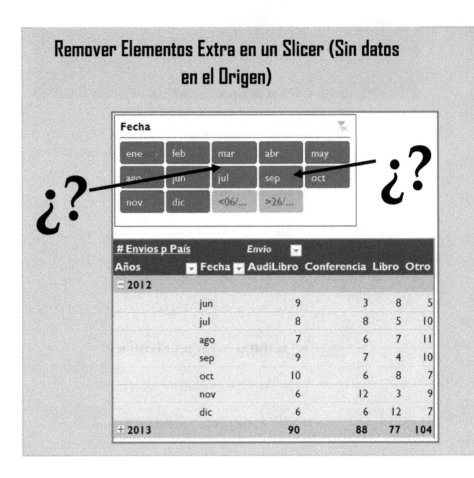

Introducción

Existen muchas bases de datos que tiene elementos vacíos, no para toda la fila sino para una celda en específico en la fila, para entender esto véase la *Ilustración 1.91*.

Producto ▾	Mes ▾	Unidades ▾
Rejilla	Enero	
Carcasa	Febrero	489
Rejilla	Marzo	
Carcasa	Abril	239
Carcasa	Mayo	140

Ilustración 1. 91 – Celdas Vacías en el Origen de Datos

Ahora si creamos una tabla dinámica a partir de este origen de datos y agregamos un Slicer para el campo Producto, podremos ver que aparece el producto rejilla, sin embargo, sabemos de antemano que no tiene datos. Véase la *Ilustración 1.92.*

Ilustración 1. 92 – Elemento del Campo Producto "Rejilla" Sin Datos

Nota:

Las *Sesión 5* de la serie dedicada a tablas dinámicas trata la temática de agrupación

Esto también sucede cuando tenemos un campo fecha, como se puede apreciar en la *Ilustración 1.93.* Al momento de agrupar por mes, año o cualquier criterio y añadimos un Slicer de este campo se crean dos elementos extras que siempre están sin datos a pesar de que todas las fechas en el origen estén ocupadas.

Fecha	Envio	País
06/06/2012	AudiLibro	Portugal
07/06/2012	Conferencia	Portugal
08/06/2012	Libro	Denmark
09/06/2012	AudiLibro	Portugal
10/06/2012	AudiLibro	Portugal
11/06/2012	Libro	Portugal
12/06/2012	Libro	Denmark

Ilustración 1. 93 – Tabla de Datos con Campo de Fecha

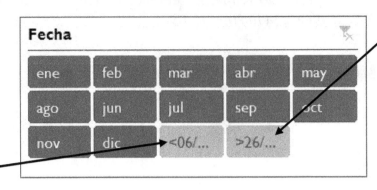

Al Agrupar campos de fecha siempre se agrega una fecha menor a la que se encuentra en el origen de datos

Al Agrupar campos de fecha siempre se agrega una fecha mayor a la que se encuentra en el origen de datos

Ilustración 1. 94 – Agrupar Fechas

Aparte de ser incómodo y ocupar espacio innecesario en nuestros reportes de tabla dinámica, puede ser bastante confuso si se crea para que sea manipulado por algún tercero y mas aún si no está familiarizado con tablas dinámicas y agrupación, veamos cómo podemos ocultar estos elementos.

Ejemplo: Archivo de Ejemplo

Archivo de Excel

Descargue el Archivo de este ejemplo en el siguiente Enlace:
Truco 10 – Remover Elementos Extra.xlsx

• **Anexo C:** *Todos los Links del Libro Detallados*

Crear Tabla Dinámica

Primero, Creación de la Tabla Dinámica: Creé una tabla dinámica a partir de la tabla de datos, preferiblemente en la celda **A1** en la hoja con nombre *tabla dinámica*, lo anterior es así para que coincida con el ejemplo. Una vez creada la tabla dinámica, en el área de filas ubique el campo **Mes**, y en el área de valores el campo **Unidades**.

Añadir Slicer

Cambiar Función De Resumen y Añadir Slicer: Nótese, como el campo **unidades** tiene elementos vacíos, Excel automáticamente define como función de Resumen cuenta, asegúrese de cambiar está a suma. Adicionalmente agregue un Slicer del campo Producto. *Véase la Ilustración 1.95.*

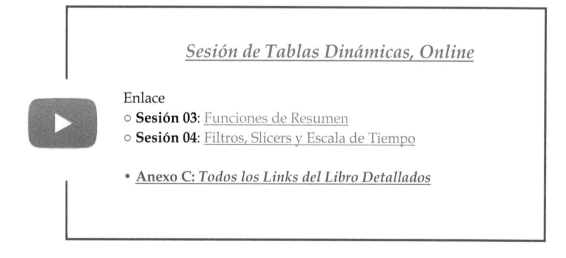

Etiquetas de fila	Suma de Unidades
Enero	
Febrero	604
Marzo	420
Abril	1222
Mayo	140
Junio	948
Julio	659
Agosto	677
Septiembre	137
Octubre	356
Noviembre	639
Diciembre	83
Total general	**5885**

Producto

Carcasa

Conector

Diafragma

Transductor

Rejilla

Ilustración 1. 95 – Añadir Slicer

Si el lector no está familiarizado con los Slicers y funciones de resumen puede ver lo siguientes tutoriales:

Sesión de Tablas Dinámicas, Online

Enlace
- **Sesión 03**: Funciones de Resumen
- **Sesión 04**: Filtros, Slicers y Escala de Tiempo

- **Anexo C:** *Todos los Links del Libro Detallados*

**Remover
Elementos
Extras sin
Datos**

<u>Remover Elementos Extra</u>: Para ocultar los elementos extra, seleccione el estilo que le desea aplicar al Slicer y duplíquelo, *Véase la Ilustración 1.96*. Seleccione la segmentación de datos, pestaña *opciones*, grupo *estilos de segmentación de datos*, despliegue los estilo y clic derecho para duplicar el deseado.

Ilustración 1. 96 – Duplicar Slicer

Luego, se pulsa clic derecho encima del nuevo estilo en la opción: *Modificar*, con esto aparece el cuadro de diálogo mostrado en la *Ilustración 1.97*. Cambie el nombre por uno más descriptivo y clic en *aceptar*.

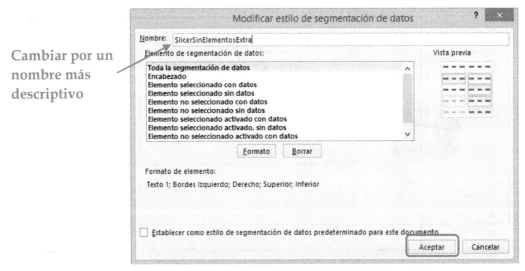

Ilustración 1. 97 – Cuadro de diálogo Modificar Segmentación

Aplicar nuevo estilo

Asegúrese de aplicar el nuevo estilo de segmentación de datos que se encuentra en la sección personalizado. Véase la *Ilustración 1.98.*

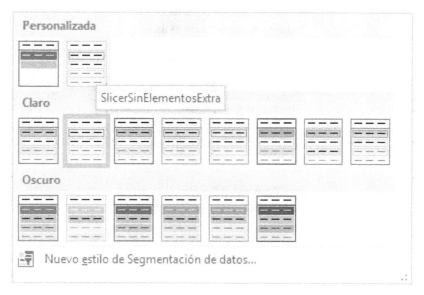

Ilustración 1. 98 – Aplicar Nuevo estilo de segmentación de datos

Para ocultar estos elementos sin datos, debemos modificar este estilo personalizado, para ello pulsamos clic encima de él y seleccionamos modificar, se despliega nuevamente el cuadro de diálogo presentado en la *Ilustración 1.97.*

Allí en la sección: *Elementos de segmentación de datos* se deben cambiar 4 elementos para "ocultar" aquellas partes del Slicer que no presentan datos, estas son:

❖ Elemento Seleccionado Activado, Sin Datos

❖ Elemento Seleccionado Sin Satos

❖ Elemento NO Seleccionado Sin Datos

❖ Elemento NO Seleccionado Activado, Sin Datos

La *Ilustración 1.99* señala cada uno de estos elementos.

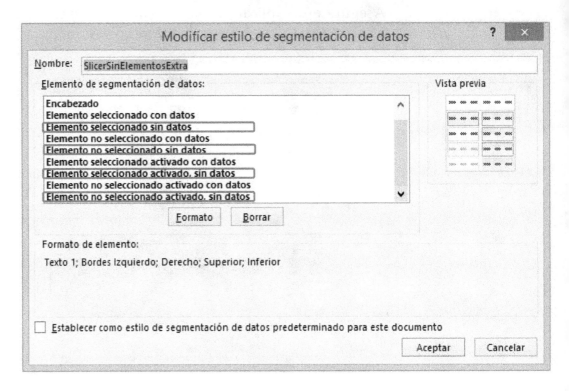

Ilustración 1. 99 – Elementos de Slicer para "Ocultar" Partes Sin Datos

Luego, pulsamos clic en el botón formato y uno a uno cada uno de los elementos señalados se la cambia la fuente, borde y relleno por el color blanco.

Esto ocultará los elementos extra del Slicer.

Nota:

Alguno de estos elementos también cambia los elementos que quedan visible, el lector puede revisar cada uno de los elementos señalados para aplicar los que crea indicados en una situación particular.

2

Capítulo 2: Trucos de Aplicaciones

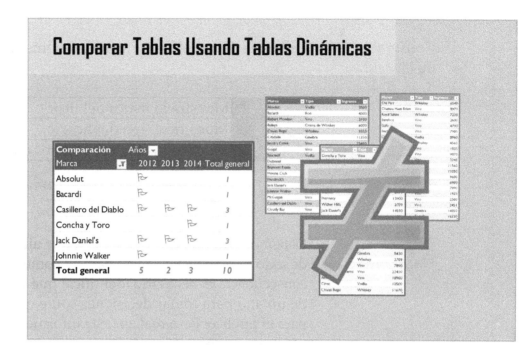

Comparar Tablas Usando Tablas Dinámicas

Justificación

Es muy frecuente que para realizar un informe o análisis de datos sea necesario establecer las diferencias y similitudes entre dos o más tablas, para esto podemos valernos de los reportes de Tabla Dinámica.

Ejemplo: Bodega de Licores

Archivo de Excel

Descargue el Archivo de este ejemplo en el siguiente Enlace:
Truco 11 – Comparar Tablas Usando Tablas Dinámicas.xlsx

• **Anexo C:** *Todos los Links del Libro Detallados*

En el archivo *Truco 11 - Comparar Tablas Usando Tablas Dinámicas.xlsm* encontrará tres hojas con los siguientes nombres: Licores 2012, Licores 2013 y Licores 2014 cada una de ellas contiene los ingresos por ventas que ha obtenido una bodega que comercializa licores en el mercado cada año.

Configuración de las tablas

Cada una de las tablas contiene los siguientes campos:

Marca	Muestra la marca del licor
Tipo	Muestra el tipo del licor
Ingresos	Muestra los Ingresos totales obtenidos por la venta del licor

Ilustración 2. 1 – Campos de la Tabla, Explicación

Problema Planteado

Debemos administrar una bodega que almacena miles de botellas de licor de todo tipo, marca o precio para su comercialización en el mercado, como consecuencia es necesario identificar que productos se han vendido en más de un año para tomar decisiones sobre qué productos son más atractivos para el público. Para realizar este informe contamos con los registros de los últimos tres años.

Solución Del Problema

Antes de empezar a solucionar el problema es necesario que elaboraremos una nueva tabla que incluya los registros de los tres años, para que con base en ella se construya la tabla dinámica.

Requisito: Para utilizar este método de comparación es importante que exista una manera de conectar los datos a la tabla de la cual provienen, teniendo lo anterior en cuenta, es necesario crear la columna Año. En la hoja *Datos Combinados* del archivo *Truco 11 - Comparar Tablas Usando Tablas Dinámicas.xlsx* se encuentra la nueva tabla creada.

Crear Tabla Dinámica

Primero, Creación de la Tabla Dinámica: Insertamos una tabla dinámica a partir de la nueva tabla de datos, luego, en el área de filas ubiquemos el campo **Marca**, tanto en el área de columnas como de valores situamos el campo **Año.** La tabla dinámica debe lucir como la que aparece en la *Ilustración 2.2.*

Suma de Año	Etiquetas de columna ⏷			
Etiquetas de fila ⏷	2012	2013	2014	Total general
Absolut	2012			2012
Antinori			2014	2014
Babich		2013	2014	4027
Bacardi	2012			2012
Baileys	2012			2012
Barefoot		2013		2013
Black Tower		2013	2014	4027
Blue Nun		2013		2013
Bombay		2013	2014	4027
Brancot			2014	2014
Brancott Estate	2012			2012
Captain Morgan		2013		2013
Casillero del Diablo	2012	2013	2014	6039
Chateau Haut-Brion		2013	2014	4027
Chivas Regal	2012		2014	4026
Cîroc		2013	2014	4027
Citadelle	2012		2014	4026
Cloudy Bay	2012	2013		4025
Concha y Toro			2014	2014
Duboeuf	2012			2012
Gallo		2013		2013
Gordon's		2013		2013
Guigal	2012			2012
Havana Club	2012			2012
Hendrick's	2012			2012
Hennesy		2013	2014	4027
Jack Daniel's	2012	2013	2014	6039
Jacob's Creek	2012	2013	2014	6039
Jim Beam		2013	2014	4027
Johnnie Walker	2012			2012
Jose Cuervo		2013	2014	4027
Marqués de Cáceres			2014	2014
Martell			2014	2014
McGuigan	2012		2014	4026
Old Parr		2013	2014	4027
Robert Mondavi	2012	2013	2014	6039
Royal Salute		2013		2013
Smirnoff	2012		2014	4026
Wither Hills		2013	2014	4027
Total general	**36216**	**42273**	**46322**	**124811**

Ilustración 2. 2 – Tabla Dinámica

Segundo, Configuración de Campo de Valor: Cambiamos la configuración del campo de valor por la **función de resumen Cuenta** (*Analizar -> Campo Activo -> Configuración Campo -> Cuenta.*) ahora la tabla dinámica debe lucir como la presentada en la *Ilustración 2.3.*

Cuenta de Año	Etiquetas de columna			
Etiquetas de fila	2012	2013	2014	Total general
Absolut	1			1
Antinori			1	1
Babich		1	1	2
Bacardi	1			1
Baileys	1			1
Barefoot		1		1
Black Tower		1	1	2
Blue Nun		1		1
Bombay		1	1	2
Brancot			1	1
Brancott Estate	1			1
Captain Morgan		1		1
Casillero del Diablo	1	1	1	3
Chateau Haut-Brion		1	1	2
Chivas Regal	1		1	2
Cîroc		1	1	2
Citadelle	1		1	2
Cloudy Bay	1	1		2
Concha y Toro			1	1
Duboeuf	1			1
Gallo		1		1
Gordon's		1		1
Guigal	1			1
Havana Club	1			1
Hendrick's	1			1
Hennesy		1	1	2
Jack Daniel's	1	1	1	3
Jacob's Creek	1	1	1	3
Jim Beam		1	1	2
Johnnie Walker	1			1
Jose Cuervo		1	1	2
Marqués de Cáceres			1	1
Martell			1	1
McGuigan	1		1	2
Old Parr		1	1	2
Robert Mondavi	1	1	1	3
Royal Salute		1		1
Smirnoff	1		1	2
Wither Hills		1	1	2
Total general	18	21	23	62

Ilustración 2. 3 – Tabla Dinámica con función de Resumen Cuenta

Personalizar Tabla

Tercero, Cambiar el Aspecto: es recomendable que modifiquemos el aspecto de la tabla dinámica para que tenga una mejor presentación, una opción es el formato que se muestra en la *Ilustración 2.4.*

Cuenta de Año	Etiquetas de columna ▼			
Etiquetas de fila ▼	2012	2013	2014	Total general
Absolut	1			1
Antinori			1	1
Babich		1	1	2
Bacardi	1			1
Baileys	1			1
Barefoot		1		1
Black Tower		1	1	2
Blue Nun		1		1
Bombay		1	1	2
Brancot			1	1
Brancott Estate	1			1
Captain Morgan		1		1
Casillero del Diablo	1	1	1	3
Chateau Haut-Brion		1	1	2
Chivas Regal	1		1	2
Cîroc		1	1	2
Citadelle	1		1	2
Cloudy Bay	1	1		2
Concha y Toro			1	1
Duboeuf	1			1
Gallo		1		1
Gordon's		1		1
Guigal	1			1
Havana Club	1			1
Hendrick's	1			1
Hennesy		1	1	2
Jack Daniel's	1	1	1	3
Jacob's Creek	1	1	1	3
Jim Beam		1	1	2
Johnnie Walker	1			1
Jose Cuervo		1	1	2
Marqués de Cáceres			1	1
Martell			1	1
McGuigan	1		1	2
Old Parr		1	1	2
Robert Mondavi	1	1	1	3
Royal Salute		1		1
Smirnoff	1		1	2
Wither Hills		1	1	2
Total general	**18**	**21**	**23**	**62**

Ilustración 2. 4 – Personalización de la Tabla Dinámica

En lugar de utilizar números, podemos reemplazarlos por un único que nos describa la situación El *Truco 08* explica en detalle como mostrar iconos en el área de valores. La *imagen Ilustrativa* de este truco presenta un ejemplo

Nota:

En lugar de utilizar números, podemos reemplazarlos por un icono que nos describa la situación. El *Truco 08* explica en detalle como mostrar iconos en el área de valores. La imagen ilustrativa de este truco presenta un ejemplo.

Véase el Truco 08

Beneficio

Como resultado la tabla dinámica muestra los diferentes años en lo que se han vendido los diferentes tipos de licor, además, en el total general de columna se muestra la cantidad de marcas vendidas en cada año y el total general de fila se evidencia en cuantos años se ha vendido cada marca, en caso de tener bases de datos muy extensas este método de comparación puede ser de gran ayuda para identificar similitudes entre tablas.

Truco 12

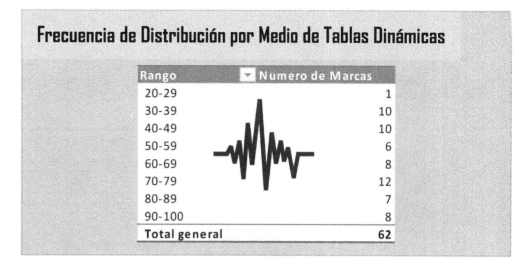

Frecuencia de Distribución por Medio de Tablas Dinámicas

Rango	Numero de Marcas
20-29	1
30-39	10
40-49	10
50-59	6
60-69	8
70-79	12
80-89	7
90-100	8
Total general	**62**

¿Por Qué?

Alguna vez hemos trabajado con la función **Frecuencia**, sabemos que es una manera un poco complicada de encontrar la frecuencia de distribución de datos, debido a que es confusa y además es una fórmula de matriz lo cual dificulta su aplicación y entendimiento. También, existe la funcionalidad de **histograma** que es poco útil ya que si se cambia algún dato se debe reiniciar todo el proceso, en ese caso, es de gran ayuda utilizar las tablas dinámicas.

Ejemplo: Bodega de Licores

Archivo de Excel

Descargue el Archivo de este ejemplo en el siguiente Enlace:
Truco 12 – Frecuencia de Distribución de Datos.xlsx

- **Anexo C:** *Todos los Links del Libro Detallados*

En el archivo *Trucos 12 - Frecuencia de Distribución de Datos.xlsx* se encuentra en la hoja con nombre *Datos Ex. 12* la cual contiene una tabla con los registros de ventas de tres años de la bodega de licores del ejercicio anterior.

Configuración de la tabla

La tabla de datos tiene los siguientes campos:

Referencia	Muestra la referencia de la marca de licor
Marca	Muestra la marca del licor
Tipo	Muestra el tipo de licor
Ingresos	Muestra los Ingresos totales obtenidos por la venta del licor
Año	Muestra el año de venta del licor
Precio Unidad	Muestra el precio de venta que cuesta una botella de licor

Ilustración 2. 5 – Descripción de Campos

Problema Planteado

Utilizaremos el escenario del *Truco 11,* bodega de licores, pero ahora se nos ha solicitado identificar cuáles son los rangos de precios con menos entradas para adquirir nuevos productos, dichos rangos han sido definidos por la junta de accionistas.

Rango de precios ($)
20,0 - 29,0
30,0 - 39,0
40,0 - 49,0
50,0 - 59,0
60,0 - 69,0
70,0 - 79,0
80,0 - 89,0
90,0 - 100,0

Ilustración 2. 6 – Rango de Precios

Solución Del Problema

La creación de la tabla dinámica es de gran ayuda porque puede ahorrarnos mucho tiempo en comparación con los otros dos métodos, además, esta manera es más flexible debido a que se pueden modificar los rangos rápidamente.

Crear Tabla Dinámica

Primero, Creación de la Tabla Dinámica: Creamos una tabla dinámica a partir de la tabla de datos, en el área de filas ubicamos el campo **Precio Unidad** y en el área de valores el campo **Marca**, la tabla dinámica debe lucir como la que se muestra a continuación en la *Ilustración 2.7.*

Etiquetas de fila ▼	Cuenta de Marca
$ 27,0	1
$ 30,0	1
$ 31,0	1
$ 34,0	2
$ 35,0	2
$ 38,0	3
$ 39,0	1
$ 40,0	1
$ 43,0	1
$ 45,0	1
$ 46,0	1
$ 47,0	2
$ 48,0	3
$ 49,0	1
$ 54,0	1
$ 55,0	1
$ 57,0	1
$ 58,0	1
$ 59,0	2
$ 60,0	1
$ 61,0	1
$ 63,0	1
$ 64,0	2
$ 68,0	1
$ 69,0	2
$ 70,0	1
$ 71,0	3
$ 74,0	4
$ 76,0	1
$ 77,0	1
$ 78,0	2
$ 80,0	1
$ 83,0	1
$ 84,0	2
$ 87,0	1
$ 88,0	1
$ 89,0	1
$ 90,0	1
$ 94,0	1
$ 95,0	1
$ 96,0	1
$ 98,0	2
$ 99,0	2
Total general	**62**

Ilustración 2. 7 – Tabla Dinámica

Agrupar
Datos

Segundo, Agrupar Valores: Debemos agrupar los valores ubicados en el campo fila para crear los rangos que fueron solicitados (*Analizar -> Agrupar -> Agrupar Selección ->* en el cuadro de dialogo *Agrupar* establecemos los valores de inicio y finalización así como el tamaño de los intervalos. *Ver Ilustración 2.8*) ahora la tabla dinámica debe lucir como la presentada en la *Ilustración 2.9*.

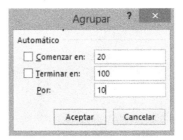

Ilustración 2. 8 – Cuadro de Diálogo Agrupar

Etiquetas de fila ▾	Cuenta de Marca
20-29	1
30-39	10
40-49	10
50-59	6
60-69	8
70-79	12
80-89	7
90-100	8
Total general	**62**

Ilustración 2. 9 – Frecuencia de Distribución

Personalizar
Tabla

Tercero, Cambiar el Aspecto: Modifiquemos el aspecto de la tabla dinámica para que tenga una mejor presentación, una posibilidad es el formato que se muestra en la *Ilustración 2.10*.

Rango	Numero de Marcas
20-29	1
30-39	10
40-49	10
50-59	6
60-69	8
70-79	12
80-89	7
90-100	8
Total general	**62**

Ilustración 2. 10 – Frecuencia de Distribución, Formato

Beneficio

La tabla muestra en cada rango de precios cuantas marcas de licor se han vendido es decir muestra la frecuencia de distribución, pero el principal beneficio de utilizar este método es que permite utilizar la tabla dinámica para filtrar la información, otra ventaja es la posibilidad de modificar rápidamente los intervalos y que con solo cambiarlos, la tabla dinámica se actualiza automáticamente, imaginemos que tenemos muchas bases de datos de gran tamaño, las tablas dinámicas podrían ser de mucha ayuda.

Truco 13

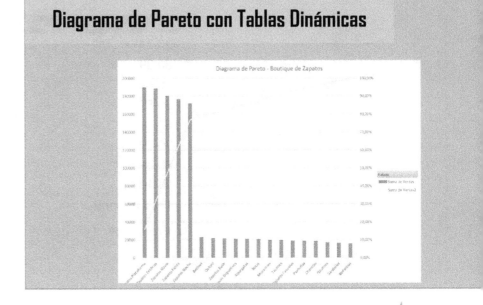

Diagrama de Pareto con Tablas Dinámicas

¿Qué es?

El Diagrama de Pareto también conocido como la regla del 80 – 20 es una herramienta para la toma de decisiones en diferentes áreas como la economía, ventas, logística, producción, control de calidad, entre otras y principalmente es utilizada para identificar las principales causas que ocasionan un problema o para organizar un orden de prioridades, es decir, " el 20% de los productos generan un 80 % de los ingresos" o "el 80% de los defectos radica en el 20% de los procesos".

¿Por Qué?

La elaboración del Diagrama de Pareto se puede hacer de una manera más rápida y simple utilizando tablas dinámicas en comparación con una tabla normal debido a que no es necesario utilizar formulas ni realizar ningún tipo de cálculo lo cual nos va a facilitar el trabajo.

Ejemplo: Boutique de Zapatos

Archivo de Excel

Descargue el Archivo de este ejemplo en el siguiente Enlace:
Truco 13 – Diagrama de Pareto.xlsx

• **Anexo C:** *Todos los Links del Libro Detallados*

En el archivo *Truco 13 - Diagrama de Pareto.xlsx* en la hoja con nombre *Datos Ex. 13*, se encuentra una tabla de datos con las ventas del año 2013 de una boutique de zapatos para mujeres.

Configuración de la tabla

La tabla de datos tiene los siguientes campos:

Mes	Muestra el mes en el que se vendió el producto
Producto	Muestra el tipo de zapato
Referencia	Muestra la referencia del zapato
Ventas	Muestra los ingresos obtenidos por la venta de ese tipo de zapato

Ilustración 2. 11 – Campos de la Tabla de Datos

Problema Planteado

Supongamos que nuestra labor es encontrar cuales son los productos que generan mayores ingresos en una Boutique de Zapatos, para ello vamos a utilizar el Diagrama de Pareto, con el fin de que la dirección de la tienda tome decisiones sobre la organización y establezca prioridades sobre los productos más relevantes para optimizar la distribución de los mismos en bodega.

Solución Del Problema

Vamos a utilizar una tabla dinámica como base para desarrollar el Diagrama de Pareto es una manera más fácil y rápida que una tabla con fórmulas, además, nos proporciona la facilidad de tener un gráfico dinámico.

Crear Tabla Dinámica

Primero, Creación de la Tabla Dinámica: Creé una tabla dinámica a partir de la tabla de datos, en el área de filas ubique el campo **Producto**, en el área de valores ubique **dos veces** el campo **Ventas**, además, es necesario ordenar en forma descendente según las ventas la tabla (*Clic* derecho sobre alguna entrada de la columna *Suma de Ventas -> Ordenar -> Ordenar de Mayor a Menor*) Ver *Ilustración 2.12*, la tabla dinámica debe lucir como la *Ilustración 2.13*.

Ilustración 2. 12 – Ordenar de Mayor a Menor

Etiquetas de fila	Suma de Ventas	Suma de Ventas2
Zapatos Plataforma	189933	189933
Zapatos Exoticos	188805	188805
Zapatos Novia	180484	180484
Zapatos Fiesta	176726	176726
Zapatos Noche	172085	172085
Botines	23050	23050
Oxford	21620	21620
Zapatos Baile	21338	21338
Tennis Deportivos	21276	21276
Alpargatas	21084	21084
Botas	20679	20679
Mocasines	19842	19842
Tacones	19507	19507
Zapatos Casuales	19165	19165
Pantuflas	18792	18792
Chanclas	18605	18605
Náuticos	16999	16999
Sandalias	16221	16221
Bailarinas	15676	15676
Total general	**1181887**	**1181887**

Ilustración 2. 13 – Tabla Dinámica

Porcentaje Acumulado

Requisito: La tabla dinámica debe mostrar en una columna las ventas de cada producto y en otra el porcentaje acumulado con el fin de construir el Diagrama de Pareto.

Configurar Campo de Valor

Segundo: Configurar Campo de Valor: Para llevar a cabo esta acción, vamos a cambiar la configuración del campo de valor de la segunda columna **Suma de Ventas 2** a fin de que muestre los valores como **% del total en** y además que utilice como campo base **Producto** (*Analizar -> Configuración de Campo -> Mostrar valores como -> % del total en -> Campo Base -> Producto*) Ver Ilustración 2.14.

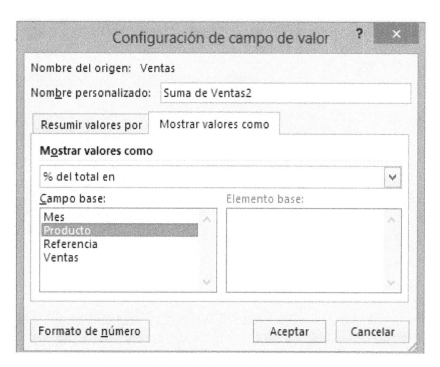

Ilustración 2.1. Configuración de Campo de Valor

Tabla Dinámica

La tabla dinámica que servira para construir el Diagrama de Pareto debe lucir de la siguiente manera:

Etiquetas de fila ⬇	Suma de Ventas	Suma de Ventas2
Zapatos Plataforma	189933	16,07%
Zapatos Exoticos	188805	32,05%
Zapatos Novia	180484	47,32%
Zapatos Fiesta	176726	62,27%
Zapatos Noche	172085	76,83%
Botines	23050	78,78%
Oxford	21620	80,61%
Zapatos Baile	21338	82,41%
Tennis Deportivos	21276	84,21%
Alpargatas	21084	86,00%
Botas	20679	87,75%
Mocasines	19842	89,43%
Tacones	19507	91,08%
Zapatos Casuales	19165	92,70%
Pantuflas	18792	94,29%
Chanclas	18605	95,86%
Náuticos	16999	97,30%
Sandalias	16221	98,67%
Bailarinas	15676	100,00%
Total general	**1181887**	

Ilustración 2. 14 – Tabla Dinámica con el Porcentaje Acumulado y Ventas

Construcción Diagrama de Pareto

Tercero: Construcción del Diagrama de Pareto: Por ultimo debemos insertar un grafico dinamico de tipo **Cuadro Combinado** que este compuesto por columnas que representen las ventas y por un eje que simbolice el porcentaje acumulado (*Posicionar Celda activa en alguna entrada de la tabla dinamica -> Insertar ->Gráfico -> Gráfico Dinámico -> Gráfico Dinámico -> Cuadro Combinado -> Columna agrupada – línea en eje Secundario ->Aceptar*) ver *Ilustración 2.16*.

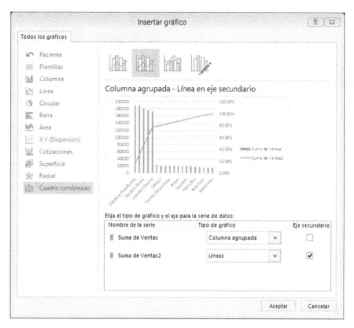

Ilustración 2. 15 – Insertar Gráfico Dinámico

Beneficios   Automaticamente aparecera el Diagrama de Pareto, el cual podemos personalizar ver *Ilustación 2.17*, ademas, tiene la opción de filtrar los datos lo cual es de gran ayuda, esta opción aparece por defecto en la parte inferior izquierda del Diagrama y no estara habilitada si desarrollamos el Diagrama con una tabla normal.

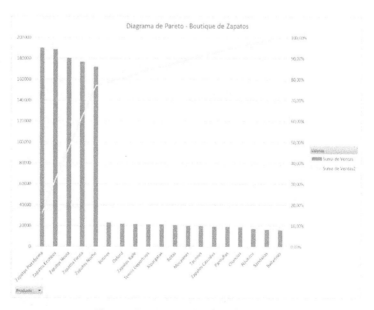

Ilustración 2. 16 – Gráfico de Pareto

Truco 14

Normalizar Datos para Tablas Dinámicas

Mes	Unidades	Región	Cliente	Producto
Enero	178	Norte	Amazing Pizza	Anchoas
Febrero	36	Norte	Amazing Pizza	Anchoas
Marzo	79	Norte	Amazing Pizza	Anchoas
Abril	55	Norte	Amazing Pizza	Anchoas
Mayo	61	Norte	Amazing Pizza	Anchoas
Junio	69	Norte	Amazing Pizza	Anchoas

¿Por Qué?

Para realizar un informe con tablas dinámicas es necesario tener una tabla de origen que posea una estructura tabular, es decir, se encuentre organizada, que no existan en las filas o columnas campos en blanco, además, las columnas deben tener una cabecera y no se pueden repetir conjuntos de datos.

Ejemplo: Fabrica de Pizzas

Archivo de Excel

Descargue el Archivo de este ejemplo en el siguiente Enlace:
Truco 14 – Normalizar Datos.xlsx

• **Anexo C:** *Todos los Links del Libro Detallados*

En el archivo *Truco 14 – Normalizar Datos.xlsx* diríjase a la hoja con nombre *Datos Ex. 14*, allí se puede apreciar la tabla de datos correspondiente a las unidades de pizza vendidas a varios clientes en el año 2012.

Configuración de la tabla

La tabla de datos tiene los siguientes campos:

Región/Cliente/ Producto	Muestra la región en la cual se encuentra el cliente/Muestra el cliente al cual fue vendida la pizza / Muestra el tipo de pizza vendido
Enero	Muestra las unidades de pizza vendidas al cliente en el mes de Enero
Febrero	Muestra las unidades de pizza vendidasal cliente en el mes de Febrero
Marzo	Muestra las unidades de pizza vendidas al cliente en el mes de Marzo
Abril	Muestra las unidades de pizza vendidasal cliente en el mes de Abril
Mayo	Muestra las unidades de pizza vendidas al cliente en el mes de Mayo
Junio	Muestra las unidades de pizza vendidasal cliente en el mes de Junio
Julio	Muestra las unidades de pizza vendidas al cliente en el mes de Julio
Agosto	Muestra las unidades de pizza vendidasal cliente en el mes de Agosto
Septiembre	Muestra las unidades de pizza vendidas al cliente en el mes de Septiembre
Octubre	Muestra las unidades de pizza vendidasal cliente en el mes de Octubre
Noviembre	Muestra las unidades de pizza vendidas al cliente en el mes de Noviembre
Diciembre	Muestra las unidades de pizza vendidasal cliente en el mes de Diciembre

Ilustración 2. 17 – Campos de la Tabla de Datos

Problema Planteado

Debemos realizar un informe con tablas dinámicas que muestre la región con más demanda y los clientes en cada región con el fin de mejorar la distribución de los productos, pero la base de datos que nos fue proporcionada para dicha labor tiene dos problemas, uno de ellos es debido a que en la primera columna se encuentran tres tipos de datos diferentes y el segundo, los meses están en columnas lo cual implica gestionar 12 campos diferentes en la tabla dinámica.

Solución Del Problema

Es necesario que re organicemos la información de la tabla de origen a fin de elaborar un informe preciso, de fácil entendimiento y que se ajuste con los requerimientos del mismo.

Paso 1

Primero, Asistente para Tablas y Gráficos Dinámicos – Paso 1: Debemos ubicar las columnas de los meses en filas para ello utilizaremos el Asistente para Tablas Y Gráficos Dinámicos *(combinación de teclas Alt + T + B)*, a continuación se despliega el cuadro de dialogo que muestra la *Ilustración 2.19*, y en la pregunta ¿Dónde están los datos que desea analizar? seleccionamos la opción *Rangos de consolidación múltiples*, luego, en ¿Qué tipo de informe desea crear? Seleccionamos *Tabla Dinámica* y por ultimo damos clic en el botón *Siguiente.*

Paso 2

Segundo, Asistente para Tablas y Gráficos Dinámicos – Paso 2: En el cuadro de dialogo que aparece en la *Ilustración 2.20*, respondemos a la pregunta ¿Cuantos campos de página desea? Seleccionando la opción *Campos de página personalizados* y damos clic en *Siguiente*.

Paso 3

<u>Tercero, Asistente para Tablas y Gráficos Dinámicos – Paso 3</u>: Por último, en el cuadro de dialogo de la *Ilustración 2.21*, en la caja de texto *Rango* insertamos toda la tabla de datos, damos clic en el botón *Agregar* y clic en Finalizar.

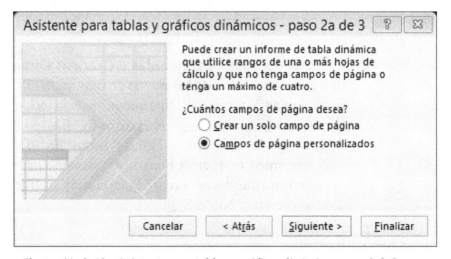

Ilustración 2. 18 – Asistente para tablas y gráficos dinámicos, paso 1 de 3

Ilustración 2. 19 – Asistente para tablas y gráficos dinámicos, paso 2 de 3

Ilustración 2. 20 – Asistente para Tablas y Gráficos Dinámicos, paso 3 de 3

Doble Clic En el Gran Total

Cuarto, Doble Clic en el Gran Total: Automáticamente se crea una tabla dinámica y lo que debemos hacer es dirigirnos al Gran Total que es la intersección entre el Total General de filas y el Total General de columnas y darle doble clic, de esta manera aparecerá una nueva base de datos como la que se encuentra en el Archivo *Truco 14 – Fabrica de Pizzas.xlsx* en la hoja *Base de Datos*.

Suma de Valor	Etiquetas de columna ▼					
Etiquetas de fila ▼	Enero	Febrero	Marzo	Noviembre	Diciembre	Total general
Norte/Amazing Pizza/Anchoas	178	36	79	51	71	957
Norte/Amazing Pizza/Calabresa	104	83	85	32	92	1012
Norte/Amazing Pizza/Carbonara	101	55	92	100	42	851
Norte/Amazing Pizza/Cebolla	188	71	112	49	47	932
Norte/Amazing Pizza/Champiñones	227	54	31	80	104	889
Norte/Amazing Pizza/Cremozza BBQ	35	57	92	82	35	721
Norte/Amazing Pizza/Cuatro Carnes	83	65	42	66	51	739
Norte/Amazing Pizza/Cuatro Estaciones	159	118	51	116	103	1145
Sur/Pizza Deluxe/Tomate	144	120	113	45	52	875
Total general	**34466**	**19032**	**18704**	**18843**	**18506**	**243648**

Ilustración 2. 21 – Doble clic en el gran total

Separar En Diferentes Columnas

Quinto, Separar En Diferentes Columnas: Para separar la columna con múltiples entradas, debemos situarla de manera que sea la última en la tabla *(Seleccionar toda la columna -> Cortar -> Pegar* en la columna siguiente al final de la tabla). Después seleccionamos toda la columna con múltiples entradas que es la misma que acabamos de re ubicar y la separamos *(Pestaña Datos ->Grupo Herramientas de Datos -> Texto en Columnas -> Delimitados -> Siguiente ->* En el cuadro de dialogo que aparece en la *Ilustración 2.23* ubicamos el separador que tiene la columna en la caja de texto *Otro*, en este caso la *Barra Inversa (/) -> Finalizar),* Por ultimo ajustamos el nombre al que corresponde cada una de las columnas *Ilustración 2.24.*

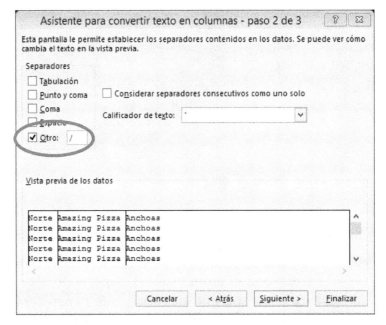

Ilustración 2. 22 – Separar en diferentes columnas

Mes	Unidades	Región	Cliente	Producto
Enero	178	Norte	Amazing Pizza	Anchoas
Febrero	36	Norte	Amazing Pizza	Anchoas
Marzo	79	Norte	Amazing Pizza	Anchoas
Abril	55	Norte	Amazing Pizza	Anchoas
Mayo	61	Norte	Amazing Pizza	Anchoas
Junio	69	Norte	Amazing Pizza	Anchoas
Julio	75	Norte	Amazing Pizza	Anchoas

Ilustración 2. 23 – Base de Datos

Crear Tabla Dinámica

Sexto, Crear Tabla Dinámica: Para finalizar insertamos una tabla dinámica, luego, en el área de filas ubicamos el campo **Región** y **Cliente** y en el área de valores situamos el campo **Unidades.** La tabla dinámica debe lucir como la que aparece en la *Ilustración 2.25.*

Etiquetas de fila	Suma de Unidades
Norte	**43781**
Amazing Pizza	22096
Friends	21685
Occidente	**67130**
FT Pizza	22800
Pizza 2000	862
Pizza 2001	1006
Pizza 2002	971
Pizza 2003	954
Pizza 2004	916
Pizza 2005	765
Pizza 2006	930
Pizza 2007	1191
Pizza 2008	866
Pizza 2009	1163
Pizza 2010	845
Pizza 2011	1091
Pizza 2012	989
Pizza 2013	1007
Pizza 2014	1081
Pizza 2015	1066
Pizza 2016	913
Pizza 2017	995
Pizza 2018	836
Pizza 2019	1010
Pizza 2020	1014
Pizza 2021	1001
Pizza 2022	1106
Star Pizza	21752
Oriente	**44487**
Pizza Gourmet	22425
Super Pizza	22062
Sur	**88250**
Jhon's Pizz	23081
Mega Pizza	21391
Milenium	21790
Pizza Deluxe	21988
Total general	**243648**

Ilustración 2. 24 - Tabla Dinámica

Truco 15

Referencias Estructuradas en Tablas Dinámicas

Productos	▼	Unidades Vendidas
⊟ AIWA		
Computador Portátil		1612
Equipo de Sonido		1720
Mp3		
Refrigerador		
Tv		
⊟ Hitachi		
Computador Portátil		
Equipo de Sonido		
Mp3		
Refrigerador		
Tv		

Objetivo

Cuando se implementan referencias estructuradas en una hoja de cálculo se facilita el trabajo debido a que son referencias o nombres que señalan una tabla o los diferentes rangos o elementos que pertenecen a la misma. Son muy útiles debido a que los rangos pueden cambiar (se eliminan o agregan celdas) y este método ayuda a que no se tengan que modificar las formulas porque las referencias estructuradas se ajustan automáticamente.

Porque se deben Usar con Tablas Dinámicas

Las tablas dinámicas no tienen rangos flexibles a diferencia de las tablas estructuradas, es decir, que para crear formulas debemos trabajar con rangos de celdas lo cual implica un problema y es que si la tabla se le agregan o quitan elementos, el rango seleccionado no va a ser flexible y de esta manera seria necesario editar la formula cada vez que se actualice la tabla dinámica.

Para entender mejor el concepto de una referencia estructurada vamos a observar qué pasa cuando se crean formulas a partir de una tabla estructurada.

Sabemos que Excel asigna un nombre cuando se crea una tabla estructurada el cual puede ser modificado *(Celda activa en un campo de la tabla -> Diseño -> Propiedades -> Nombre de la Tabla -> Escribimos un Nombre descriptivo ->Presionamos Enter)*

Ilustración 2. 25 – Asignar nombre descriptivo

Ahora, vamos a calcular el total de unidades vendidas…

Ilustración 2. 26- Fórmulas con nomenclatura estructurada

Como se puede apreciar en la notación de tablas estructuradas, está por si sola proporciona documentación ya que al principio indica la tabla que para este caso son las ventas de enero, además, en paréntesis cuadrados podemos ver el nombre de la columna debido a ello se nos permite saber fácilmente que se está haciendo la adición de unidades vendidas en el mes de enero, es decir, no tuvimos que mirar el rango de celdas para identificar cual era el propósito de la formula. Véase la *Ilustración 2.26*

Sería ideal que esta funcionalidad de referencias estructuradas se encontrara habilitada para tablas dinámicas pero lamentablemente no es así, no obstante, a través de nombres definidos podemos emular estas características.

Ejemplo: Venta de Electrodomésticos

Archivo de Excel

Descargue el Archivo de este ejemplo en el siguiente Enlace:
Truco 15 - Referencias Estructuradas en Tablas Dinámicas.xlsm

• **Anexo C:** *Todos los Links del Libro Detallados*

Configuración de la tabla

La tabla de datos tiene los siguientes campos:

Producto	Muestra el tipo de producto
Marca	Muestra la marca del producto
Unidades Vendidas	Muestra el número de unidades vendidas al cliente
Id Cliente	Muestra el Id del cliente al cual se hizo la venta
Ciudad	Muestra la ciudad a la cual pertenece el cliente

Ilustración 2. 27 – Descripción de los Campos en la Tabla

Análisis de Información

Para entender mejor las referencias estructuradas utilizaremos la tabla dinámica que se encuentra en el archivo asociado al truco, el primer paso es crear una referencia estructurada (*seleccionamos la columna de unidades vendidas (sin el nombre de la columna) -> nos dirigimos a la pestaña Fórmulas ->Grupo Nombres Definidos -> Asignar Nombre -> Definir Nombre -> En el cuadro de dialogo Nombre Nuevo escribimos el Nombre del Rango -> Definimos el ámbito que por defecto es de Libro –> Verificamos el rango -> Aceptar)*

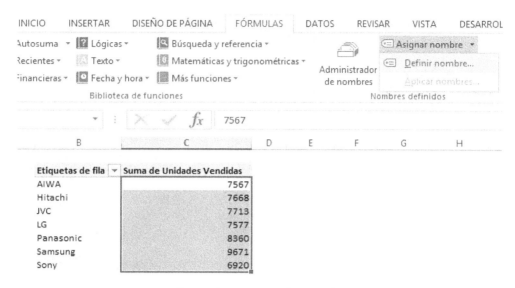

Ilustración 2. 28 – Definir nombre

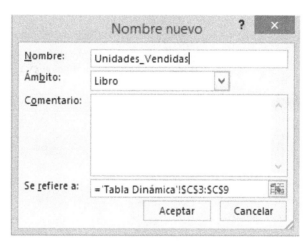

Ilustración 2. 29 – Nombre nuevo

¿Qué es el Ámbito? Se refiere a la visibilidad del nombre, es decir, desde que lugar se puede visualizar, puede ser desde una hoja en específico o en todo el libro de trabajo.

Ventaja Una de las ventajas aparece cuando se escribe las primeras letras del nombre definido en una celda o formula, entonces, surge un menú de autocompletado o también llamado IntelliSense. Véase la Ilustración 2.29

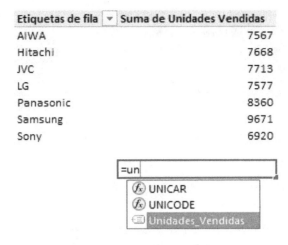

Etiquetas de fila ▼	Suma de Unidades Vendidas
AIWA	7567
Hitachi	7668
JVC	7713
LG	7577
Panasonic	8360
Samsung	9671
Sony	6920

=un
- ƒx UNICAR
- ƒx UNICODE
- Unidades_Vendidas

Ilustración 2. 30 - IntelliSense

En la *Ilustración 2.30*, se muestra como el menú de autocompletado arroja todos los nombres definidos.

Etiquetas de fila ▼	Suma de Unidades Vendidas
⊟ AIWA	
Computador Portátil	1612
Equipo de Sonido	1720
Mp3	1432
Refrigerador	1469
Tv	1334
⊟ Hitachi	
Computador Portátil	1059
Equipo de Sonido	1936
Mp3	1814
Refrigerador	2043
Tv	816
⊟ JVC	

=prod
- ƒx PRODUCTO
- Productos_Aiwa
- Productos_Hitachi
- Productos_JVC
- Productos_LG
- Productos_Panasonic
- Productos_Samsung
- Productos_Sony

Ilustración 2. 31 – Lista de Nombre definidos

Rango Dinámico

A continuación se sugiere una fórmula para hacer un rango dinámico si se desean hacer cálculos desde la tabla dinámica:

=$C$3:INDICE($C$3:$C$1014576;CONTARA($C$3:$C$1014576))

1. C3 : Esta es la primera celda de todo el rango
2. C3:C1014576 – Toda la columna C.

Esta fórmula se debe ajustar dependiendo de la ubicación de la PivotTable, en el archivo del truco se encuentran diferentes cálculos que se ajustan dependiendo de la tabla dinámica, es claro que no deben existir Totales ni Subtotales en la tabla dinámica, además, la formula se le debe asignar un nombre para su correcto funcionamiento.

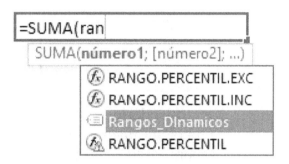

Ilustración 2. 32 – Rango Dinámico

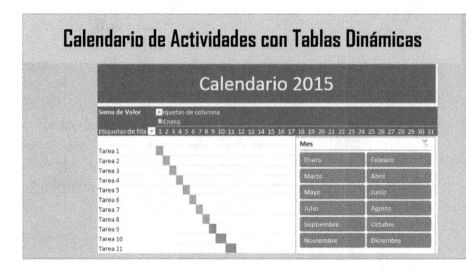

Calendario de Actividades con Tablas Dinámicas

Utilidad de un Calendario

Un calendario es una herramienta útil para organizar cronológicamente una serie de actividades, bien sea de un proyecto laboral o de actividades personales, por eso, su uso en cualquier ámbito es muy común. Existen variedad de programas que nos ayudan a ordenar nuestras actividades pero son costosos y no son muy fáciles de manejar, por esta razón, crearemos un Calendario de Actividades utilizando Tablas Dinámicas.

Problema Planteado

Supongamos que decidimos empezar un proyecto para la protección de animales en nuestra ciudad, pero no contamos con una herramienta de seguimiento para todas las actividades que van a ser realizadas, Solo disponemos de una lista de datos con la información de las actividades, pero no es muy útil para el control de las mismas.

Ejemplo: Proyecto de Protecciónn Animal

Archivo de Excel

Descargue el Archivo de este ejemplo en el siguiente Enlace:
Truco 16 – Calendario de Actividades con Tablas Dinámicas

• **Anexo C:** *Todos los Links del Libro Detallados*

En el archivo *Truco 19 – Calendario de Actividades con Tablas Dinámicas.xlsx* diríjase a la hoja con nombre *Información del Proyecto Ex. 19*, allí se encuentra la tabla de datos con todas las actividades correspondientes al proyecto de Protección Animal.

Configuración de la tabla

La tabla de datos tiene los siguientes campos:

Actividad	Muestra el nombre de la actividad que se va a realizar.
Encargado	Muestra el nombre del encargado de dicha actividad.
Fecha Final	Muestra la fecha en la que la actividad debe estar terminada.

Ilustración 2. 33 –Campos de la Tabla de Datos

Solución Del Problema

Es necesario crear una herramienta de control y seguimiento para el proyecto, vamos a utilizar una Tabla Dinámica que nos indicara la fecha en que la actividad debe estar terminada y además mostrara a través de colores si la actividad ya fue realizada o no.

Tabla Estructurada de Manejo de Información

Creación de una Tabla Estructurada: Es necesario crear en una hoja diferente una Tabla Estructurada para administrar la información del calendario (Crear una Hoja Nueva -> Seleccionar el Rango A1:G1 -> **Ctrl +T** -> *Aceptar*) *ver Ilustración 2.33* y por último se cambia el nombre de cada etiqueta de fila en el siguiente orden Columna 1 - Fecha, Columna 2 – Año, Columna 3 – Mes, Columna 4 - Día Laboral, Columna 5 – Actividad, Columna 6 – ¿Actividad Realizada?, Columna 7 – Valor. Véase la *Ilustración 2.34.*

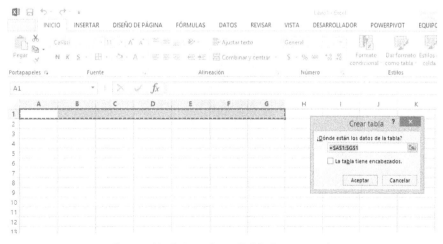

Ilustración 2. 34 – Crear Tabla Estructurada

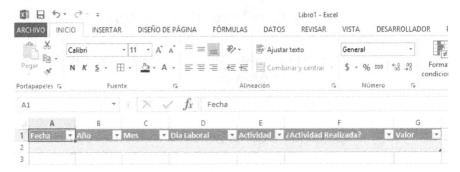

Ilustración 2. 35 – Cambio de etiquetas de Columna

Fijar los Días del año

Una vez construida y modificada la Tabla Estructurada es necesario poner los días en los que se van a realizar las actividades, para este ejemplo agregaremos todos los días del año 2015 de la siguiente manera en la celda **A2** escribimos la primera fecha del año es decir **01/01/2015** y arrastramos la formula hasta llegar al **31/12/2015**.

Ilustración 2. 36 – Arrastrar Primera fecha del año

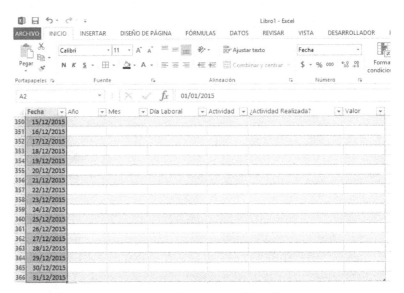

Ilustración 2. 37 - Expandir Fechas

Identificar el Año

Es necesario identificar el año si se van a realizar actividades en años diferentes, en este ejemplo solo trabajaremos en el año 2015, sin embargo, la manera de diferenciar el año es la siguiente: *(Seleccionar la celda B2 -> Escribir la formula =AÑO(A2) -> presionar Enter)* de esta manera la tabla auto rellenara los campos faltantes de la columna.

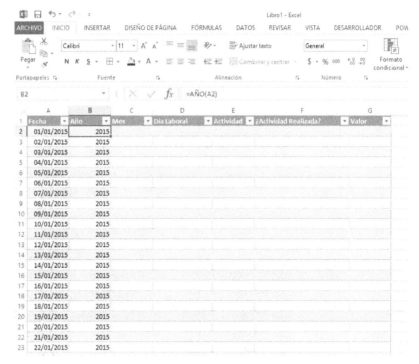

Ilustración 2. 38 – Identificar el año

Identificar el Mes

Luego, es necesario identificar el mes al que pertenece cada una de las fechas asignadas en la columna **A** para ello debemos crear un vector auxiliar en el rango **I1:I12** con todos los meses del año y utilizarlo en la formula. *(Seleccionar la celda C2 -> escribir la siguiente formula* **=INDICE($I$1:$I$12;MES([@Fecha]))** -> *presionar Enter)* y automáticamente se asignara el mes como se muestra en la *Ilustración 2.39*

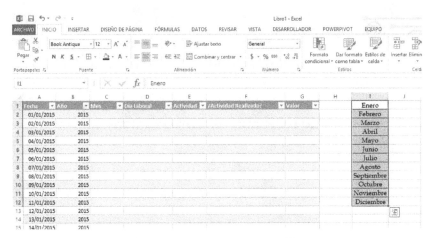

Ilustración 2. 39 – Vector Auxiliar

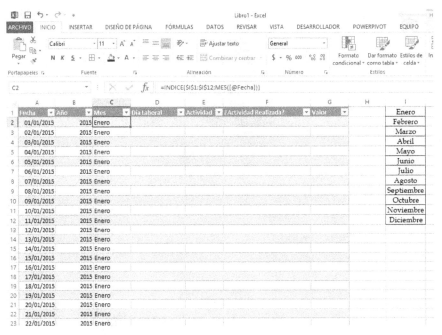

Ilustración 2. 40 –Identificar el Mes

Identificar los Días Trabajables

Para que el calendario se ajuste a los días de trabajo en la semana, vamos a identificar qué día exacto pertenece cada una de las fechas de la columna A y al igual que en el paso anterior, crearemos un vector auxiliar ubicándolo en el rango J1:J7, con los días de la semana pero solo con las dos primeras letras del nombre (Seleccionar celda **D2** -> **=INDICE($J$1:$J$7;DIASEM([@Fecha];2))** -> presionar Enter **)** Y automáticamente aparecerá el día que corresponde a la fecha.

La fórmula **DIASEM** devuelve el numero de 1 al 7 que identifica al día de la semana, y su segundo argumento para este caso el numero **2** indica que día es el equivalente al primer día de la semana.

Ilustración 2. 41 – Vector Auxiliar de días

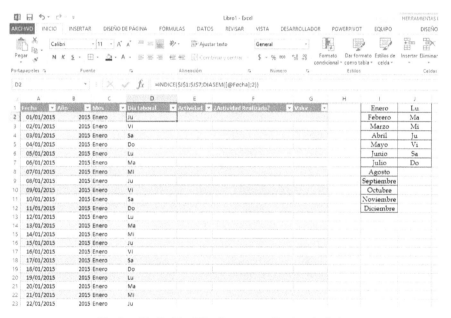

Ilustración 2. 42 – Día Correspondiente a la fecha

Habilitar la Columna Actividad

Ahora es muy importante habilitar en la **Tabla Estructurada de Manejo de Información** toda la columna de **Actividades** para que en el calendario se muestren las tareas que se van agregando y que no aparezca otro tipo de información *(Seleccionar la celda E2 -> Escribir la siguiente formula =SI([@Fecha]<>"";" ";"") -> Presionar Enter)* la formula automáticamente completara todas las celdas que están debajo de **E2.**

Columna E

En la columna E se deben agregar los eventos que queremos que aparezcan en el calendario, primero borramos la formula y luego escribimos el nombre del evento.

Utilidad de la Formula

Esta fórmula es necesaria porque sobre ella escribiremos los nombres de las actividades, es decir, se borrara una vez que se asigne un evento o tarea en dicho campo, pero es necesaria debido a que sin ella en todos los campos de la columna **E**, en nuestro calendario aparecerá un mensaje **(En Blanco)** que dañara la estética del mismo.

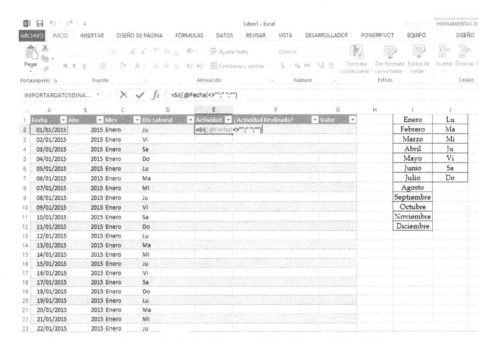

Ilustración 2. 43 – Campos de la columna Actividad

Columna Valor

La función de la columna valor es identificar si una actividad ya se realizó o no, ahí radica su importancia, a continuación entenderemos como se configura toda esta columna, pero primero debemos crear una matriz auxiliar en el rango **L1:M3** como se muestra en la *Ilustración 2.44* (*Seleccionar la celda G2 -> Escribir la formula* **=SI(Y(E2<>"";F2<>"");INDICE($L$2:$M$3;COINCIDIR(F2;$L$2:$L$3;0); 2);" ")** *-> Presionar Enter*) y automáticamente se llenaran los campos de la columna con esta fórmula.

Explicación de la Formula

La fórmula que utilizamos tiene como objetivo permitir a la Tabla Dinámica que más adelante crearemos identificar si la actividad ya se concluyó o no.

=SI(Y(E2<>"";F2<>"");INDICE($L$2:$M$3;COINCIDIR(F2;$L$2:$L$3;0); 2);" ")

1 Identifica si en las celdas de actividad y ¿Actividad Realizada? Se escribió alguna tarea y si se respondió a la pregunta sobre si la actividad ya está culminada o no.

2 En caso tal, que ya se halla escrito la actividad y se halla respondido la pregunta sobre si la actividad está terminada o no, se identificara cual es la respuesta del usuario y se le asignara un valor el cual entenderemos su función más adelante

3 En caso contrario asigna un espacio en blanco a la Celda.

Matriz Auxiliar de Respuesta

La matriz auxiliar sirve para que la formula identifique el tipo de respuesta sobre si ya se realizó la actividad o no.

Ilustración 2. 44 – Matriz Auxiliar de Respuesta

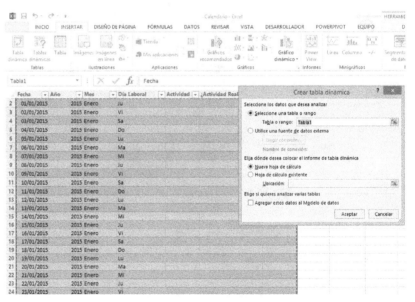

Ilustración 2. 45 – Columna Valor

Creación de la Tabla Dinámica

Ahora es el momento de crear nuestra Tabla Dinámica, primero seleccionamos toda la **Tabla Estructurada de Manejo de Información,** y creamos nuestro futuro calendario *(Seleccionar Tabla -> Insertar -> Tablas -> Tabla Dinámica -> Crear Tabla Dinámica -> Nueva Hoja de Cálculo -> Aceptar).*

Ilustración 2. 46 – Crear Tablas Dinámica

Configuración de Campos

Una vez creada la Tabla Dinámica ubicamos en el área columnas, los campos Mes y Fecha, en el área de filas el campo Actividad y en el área de valores el campo Valor, por ultimo ajustamos el campo de Valor *(Clic izquierdo sobre Cuenta de Valor -> Configuración de Campo de Valor -> Resumir Valores por -> Suma -> Aceptar).*

Ilustración 2. 47 – Campos de Valor

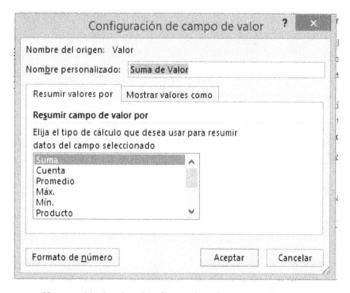

Ilustración 2. 48 – Configuración de Campo de Valor

Formato de Encabezado

Seleccionamos todas las celdas referentes a las fechas de encabezado y cambiamos el formato *(Seleccionar todas las celdas de encabezado desde* **01/01/015** *hasta* **31/12/2015** *-> Clic derecho sobre las celdas seleccionadas -> Formato de Celdas -> Personalizada -> Tipo : d -> Aceptar).*

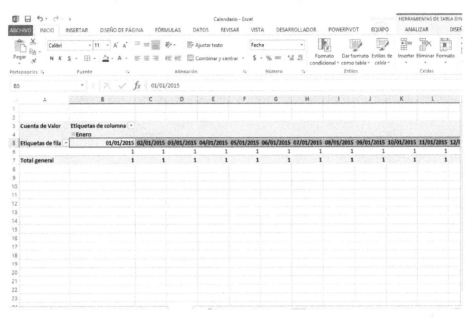

Ilustración 2. 49 – Seleccionar Celdas

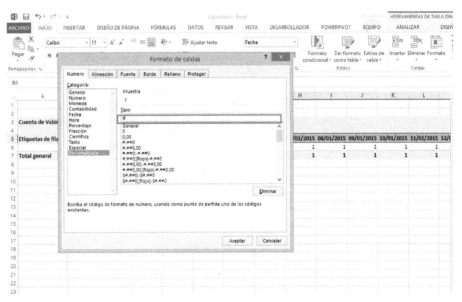

Ilustración 2. 50 – Formato de Celdas

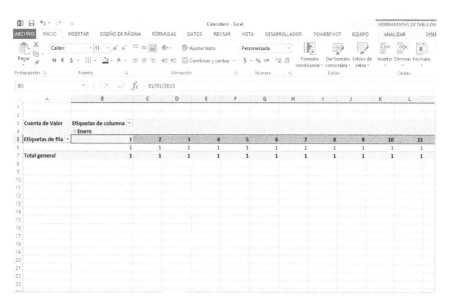

Ilustración 2. 51 – Formato de Celdas Ajustados

Insertar Slicers

(Ubicar la celda activa en la Tabla Dinámica -> ir a la pestaña Analizar -> Filtrar -> Insertar Segmentación de Datos -> Seleccionar Mes -> Aceptar).

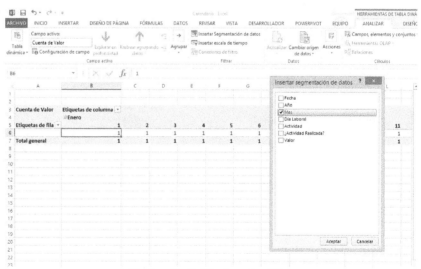

Ilustración 2. 52 – Insertar Slicer

Ancho de las Celdas

Una vez insertado el Slicer, en la Tabla Dinámica se debe ajustar el ancho de las celdas automáticamente y luego desactivamos la opción **Ajustar anchos de columnas al actualizar** para que mantenga este aspecto siempre

(Clic derecho sobre la Tabla Dinámica -> Opciones de tabla dinámica -> Diseño y Formato -> Desactivar la opción Actualizar Campos de Columnas al Actualizar).

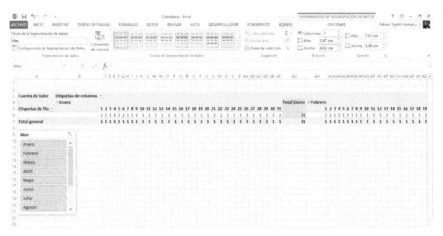

Ilustración 2. 53 – Ancho de Columnas

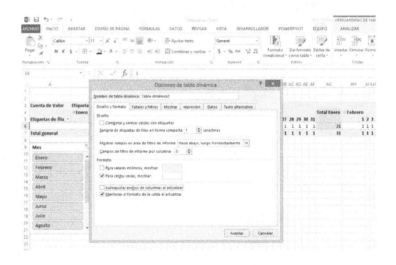

Ilustración 2. 54 - Desactivar la opción, actualizar ancho de columna

Formato del Área de Valores

Una vez modificado el ancho de las columnas, seleccionamos toda el área de valores para modificar el formato de las celdas (*Seleccionamos toda el área de valores, rango B6:NM6 para este ejemplo -> Clic derecho sobre la selección -> Formato de Celdas –> Personalizada -> Tipo: [>=1]General;[=0]" "-> Aceptar*).

Ilustración 2. 55 – Configuración del formato del área de valor

Subtotales Generales

El siguiente paso consiste en desactivar la opción de subtotales (*Ubicar la celda activa en la Tabla Dinámica -> Diseño -> Grupo Diseño -> Totales Generales ->Desactivado para filas y columnas -> Subtotales -> No mostrar Subtotales*).

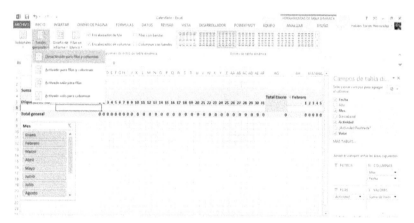

Ilustración 2. 56 – Desactivar totales generales

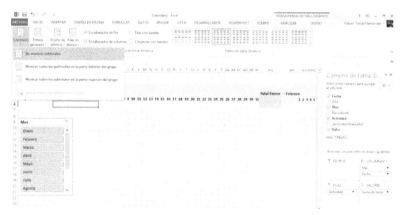

Ilustración 2. 57 – Desactivar Subtotales

Ilustración 2. 58 – Aspecto de la tabla dinámica

Aplicar Formato Condicional

Luego, debemos aplicar a la Tabla Dinámica dos reglas de formato condicional con el objetivo de asignar un color especifico dependiente de si ya se concluyó una actividad o no (*Seleccionamos toda el Área de Valores de la Tabla Dinámica -> Inicio -> Estilos -> Formato Condicional -> Nueva Regla -> Todas las Celdas que Muestran Valores … -> Utilice una fórmula que determine las celdas para aplicar formato -> Dar formato a los valores donde esta fórmula sea verdadera: =B6=1 -> Formato -> Relleno -> Seleccionar color Verde -> Fuente -> Color -> Seleccionar el mismo color utilizado en el Relleno -> Aceptar*) ahora repetimos el mismo procedimiento pero la fórmula utilizada es **=B6=2** y el color utilizado es rojo.

Ilustración 2. 59 – Formato Condicional

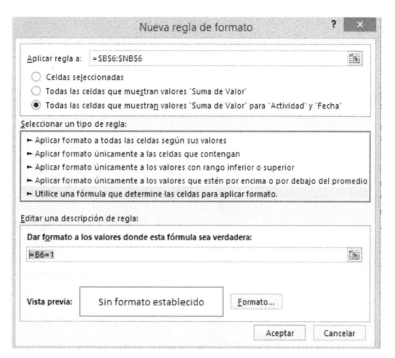

Ilustración 2. 60 – Regla de Formato Condicional

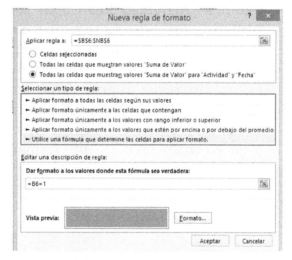

Ilustración 2. 61 - Aplicar Formato Condicional

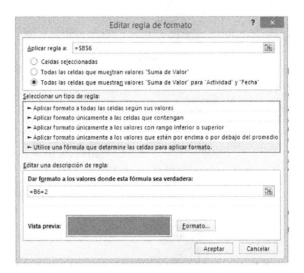

Ilustración 2. 62 – Segunda regla de formato condicional

Manejo del Calendario

Nuestro calendario está listo para modificarse, debemos tener en cuenta que solo se debe agregar información en las columnas **Actividad** y **¿Actividad Realizada?** de la Tabla Estructurada de Información, en la columna **¿Actividad Realizada?** solo debemos escribir (si) o (no) para verificar si una tarea ya se realizó o no y en la columna **Actividad** se debe borrar la fórmula que allí se encuentra y luego se asigna un nombre descriptivo referente a un evento o tarea, además, podemos modificar la fechas para poder asignar varias tareas a un solo día o una tarea que se deba hacer en varios días. Por último, es necesario pasar la información inicial del proyecto a la **Tabla Estructurada de Manejo de la Información** y se recomienda darle un formato personalizado a los Slicers y al calendario.

Ilustración 2. 63 - Calendario

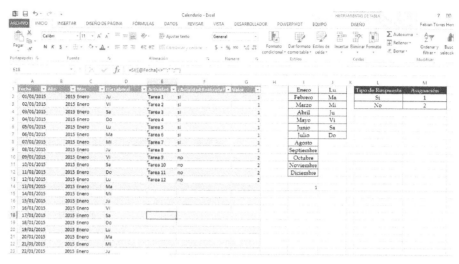

Ilustración 2. 64 – Tabla estructurada del manejo de la información

Actualización   Siempre que se inserte información nueva en la Tabla Estructurada de Manejo de Información se debe actualizar la tabla dinámica, pero para que se haga de manera automática podemos utilizar la Macro 01 del capítulo 4.

Truco 17

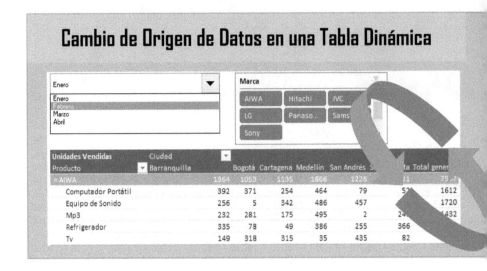

Cambio de Origen de Datos en una Tabla Dinámica

Objetivo

La utilidad de este truco radica en que existe la posibilidad de crear una sola tabla dinámica para analizar varias bases de datos con la misma estructura, además, nos permite hacer un informe con una presentación más llamativa y flexible si integramos al reporte un gráfico dinámico que también cambiara según la base de datos que se seleccione, a través del siguiente ejemplo entenderemos mejor sus beneficios:

Problema Planteado

Imaginemos que somos directores financieros en una empresa encargada de la venta de electrodomésticos y nuestro deber es analizar la cantidad de unidades vendidas en los cuatro primeros meses del año, a fin de entender el desempeño de la compañía.

Ejemplo: Venta de Electrodomésticos

Archivo de Excel

Descargue el Archivo de este ejemplo en el siguiente Enlace:
Truco 17 - Cambio de Origen de Datos .xlsm

• **Anexo C:** *Todos los Links del Libro Detallados*

En el archivo *Truco 18 – Cambio de Origen de Datos.xlsm* se encuentran en diferentes hojas las bases de datos de las unidades vendidas para cada uno de los cuatro primeros meses del año.

Configuración de la tabla

La tabla de datos tiene los siguientes campos:

Producto	Muestra el tipo de producto
Marca	Muestra la marca del producto
Unidades Vendidas	Muestra el número de unidades vendidas al cliente
Id Cliente	Muestra el Id del cliente al cual se hizo la venta
Ciudad	Muestra la ciudad a la cual pertenece el cliente

Ilustración 2. 65 – Campos de la Tabla de Datos

Solución Del Problema

Ahora, se requiere crear una sola tabla dinámica en la cual se pueda analizar las unidades vendidas de los cuatro primeros meses del año tomando la información de las diferentes bases de datos que nos fueron suministradas.

Tabla Estructurada

Creación de una Tabla Estructurada: Para la ejecución de este truco es necesario que cada una de las bases de datos tenga un formato de tabla estructurada de no ser así, seleccionamos la base de datos y presionamos la combinación de teclas **CTRL + T** para convertirla en una tabla, seleccionamos la opción *La tabla tiene encabezados* si es el caso y luego presionamos el botón Aceptar.

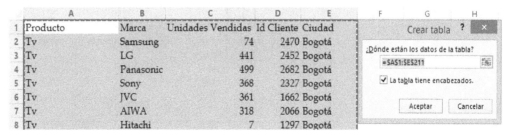

Ilustración 2. 66 – Transforma los datos en una Tabla Estructurada

Después, le asignamos un nombre descriptivo a la tabla estructurada. *(Seleccionamos toda la tabla estructurada -> Pestaña Diseño -> Propiedades -> Nombre de la tabla -> En el cuadro de texto escribimos el nombre de la tabla para este caso Enero -> presionamos Enter).*

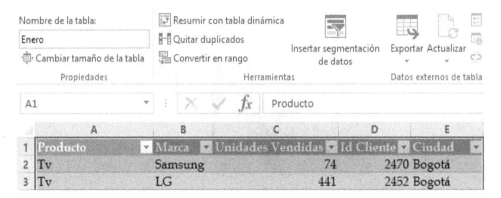

Ilustración 2. 67 – Asignar nombre descriptivo a la tabla

Repetimos el procedimiento para todas las bases de datos que se quieran analizar, para este caso los tres meses faltantes (Febrero, Marzo, Abril). Es claro que todas las tablas estructuradas deben tener la misma cantidad de columnas y el nombre de cada columna debe ser idéntico, la cantidad de filas si puede variar.

Crear Tabla Dinámica

Luego, es necesario crear una tabla dinámica con el propósito de analizar las diferentes bases de datos. (Seleccionamos la primera Tabla Estructurada es decir Enero -> *Insertar -> Tablas -> Tabla Dinámica ->* y en el cuadro de dialogo que aparece seleccionamos la ubicación y verificamos los datos de origen).

Ilustración 2. 68 – Insertar Tabla Dinámica

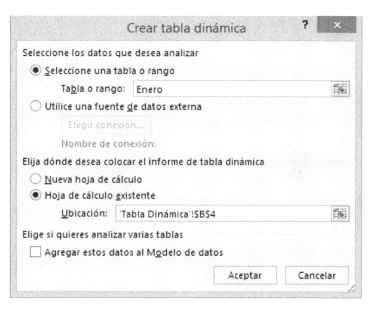

Ilustración 2. 69 – Cuadro de diálogo crear tabla dinámica

Campos de la Tabla Dinámica

Ahora, ubicamos en el área de filas los campos Marca y Producto, en el área de columnas el campo Ciudad y en el área de valores Unidades Vendidas.

Suma de Unidades Vendidas	Etiquetas de columna	
Etiquetas de fila	Barranquilla	Bogotá Ca
⊟AIWA	1364	1053
Computador Portátil	392	371
Equipo de Sonido	256	5
Mp3	232	281
Refrigerador	335	78
Tv	149	318
⊟Hitachi	1673	537
Computador Portátil	298	15

Ilustración 2. 70 – Tabla Dinámica

Insertar Cuadro Combinado

El segundo paso consiste en crear un Cuadro Combinado y su función es controlar el cambio de datos de origen. *(Pestaña Desarrollador -> Insertar -> Controles de Formulario -> Cuadro Combinado -> Dibujamos con el cursor nuestra lista desplegable).*

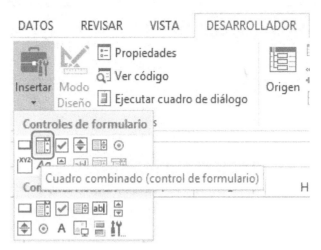

Ilustración 2.2 – Insertar Cuadro Combinado

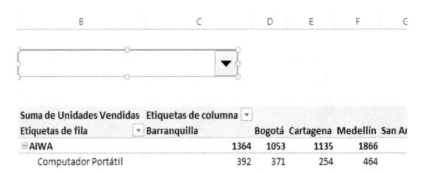

Suma de Unidades Vendidas	Etiquetas de columna ⬇				
Etiquetas de fila ⬇	Barranquilla	Bogotá	Cartagena	Medellín	San A...
⊟ AIWA	1364	1053	1135	1866	
Computador Portátil	392	371	254	464	

Ilustración 2. 71 – Cuadro Combinado

Asignar el rango de entrada del Cuadro Combinado

Ahora, en otro lugar de la hoja de cálculo vamos a crear el rango de entrada del cuadro combinado para este ejemplo, utilizaremos la columna F y allí escribiremos los nombres de las cuatro tablas estructuradas.

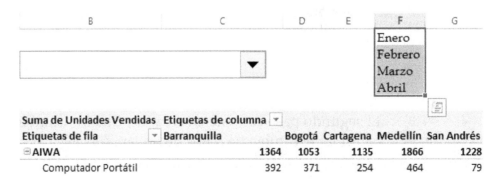

Suma de Unidades Vendidas	Etiquetas de columna ⬇				
Etiquetas de fila ⬇	Barranquilla	Bogotá	Cartagena	Medellín	San Andrés
⊟ AIWA	1364	1053	1135	1866	1228
Computador Portátil	392	371	254	464	79

Ilustración 2. 72 – Ítems para el cuadro combinado

Una vez creado el rango de entrada es necesario asignarlo al cuadro combinado, *(Clic derecho sobre el Cuadro Combinado -> Formato de Control -> Control -> Rango de Entrada -> Seleccionamos el rango en donde se encuentra el rango de entrada -> Aceptar).*

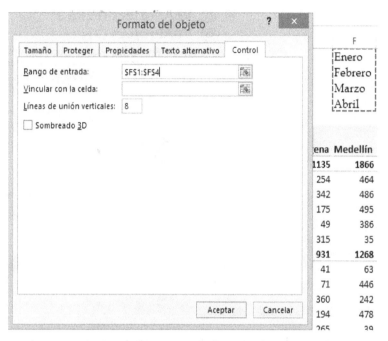

Ilustración 2. 73 – Asignar rango de entrada al cuadro combinado

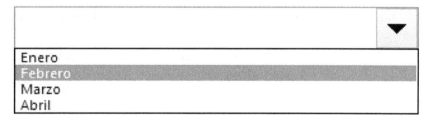

Ilustración 2. 74 – Cuadro combinado con sus elementos

Agregar Código a la Hoja de Trabajo

Ahora, debemos crear un nuevo módulo en el editor de visual basic *(Alt + F11 para abrir el editor de visual basic -> Pestaña Insertar -> Módulo).*

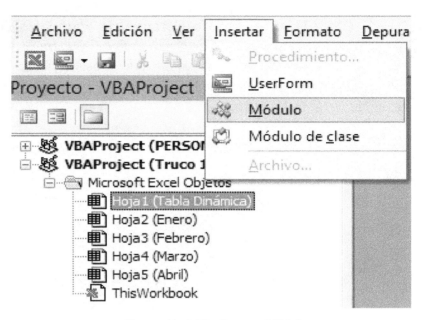

Ilustración 2. 75 – Insertar Módulo

Y en el módulo nuevo, que por defecto se llama Modulo 1 agregamos las siguientes líneas de código

```
Public Sub CambiarDatosOrigen()

With ActiveSheet.Shapes(Application.Caller).ControlFormat

ActiveSheet.PivotTables("Pivot1").PivotTableWizard

SourceType:=xlDatabase, SourceData:= _
    .List(.Value)

End With

End Sub
```

Es probable que debamos cambiar el nombre Pivot1 en el código por el nombre que le asignemos a la tabla dinámica, Si queremos cambiar el nombre de la tabla dinámica el procedimiento es el mismo utilizado en una tabla estructurada. *(Seleccionar la Tabla dinámica -> Analizar -> Nombre de Tabla -> escribimos el nombre y presionamos Enter).*

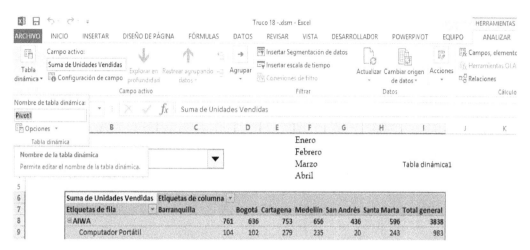

Ilustración 2. 76 – Nombre de la tabla dinámica

Tenemos que asegurarnos que el código se encuentre en un módulo para que no se presente ningún error.

Asignar Macro al Cuadro Combinado

Finalmente, asignamos la macro que copiamos en un módulo nuevo al cuadro combinado *(Clic derecho sobre el Cuadro Combinado -> Asignar Macro -> Seleccionamos la Macro CambiarDatosOrigen -> Presionamos Aceptar)*.

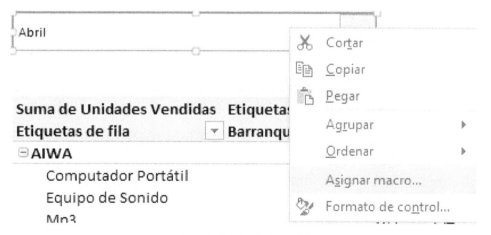

Ilustración 2. 77 – Asignar Macro

Ilustración 2. 78 – Cuadro de diálogo asignar Macro

Insertar Grafico Dinámico

Finalmente, nuestra tabla cambia según el mes que se seleccione, pero ahora para llevar a un siguiente nivel nuestro reporte, podemos insertar un Gráfico Dinámico con el diseño que mejor se ajuste a nuestros datos (Ver *Tip 10*) y un Slicer para que el análisis pueda ser más profundo y conciso con la ventaja que nuestro cuadro combinado también cambiara los datos de origen del gráfico dinámico.

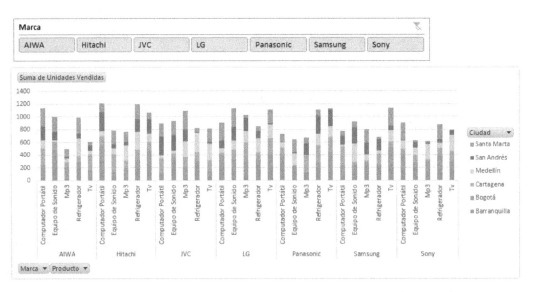

Ilustración 2. 79 - Gráfico dinámico y Slicer

3

Capítulo 3: 15 Tips, (Trucos Pequeños)

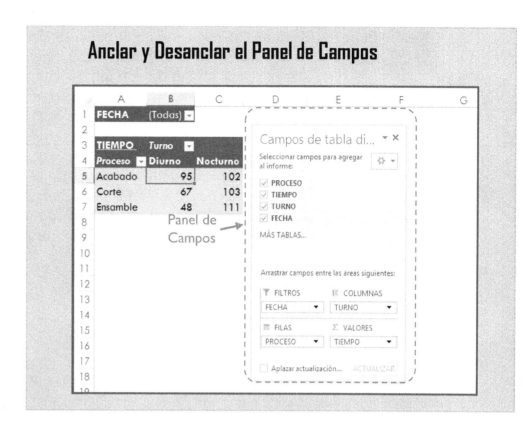

Desanclar Panel de Campos

A veces es cómodo trabajar con el panel de campos separado del extremo derecho del libro de Excel, para esto solamente debemos situar el cursor de nuestro Mouse en la parte superior de este hasta que se convierta en una cruz blanca con flechas en los extremos. *Véase la Ilustración 3.1.*

Posteriormente se pulsa clic izquierdo y manteniéndolo pulsado se arrastra hacia la izquierda hasta que se separe, una vez hecho esto podemos ubicarlo en cualquier parte de la hoja de cálculo.

Pulsar clic y manteniéndolo presionado arrastrar a hacia la izquierda hasta que se separe

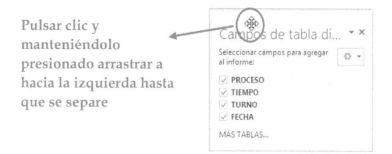

Ilustración 3. 1 – Desanclar panel de campos

Anclar Panel de Campos

Para anclar nuevamente el panel de campos selecciónelo y arrástrelo al extremo derecho del libro de Excel, haga esto por toda la mitad hasta que los extremos salgan de este último, cuando se encuentre por fuera en un 75% aproximadamente, en este punto se vuelve anclar el panel de campos. *Véase la Ilustración 3.2.*

Configuración Anclar Desanclar

Se puede tener anclado o desanclado el panel de campos por archivo de Excel, dicho de otro modo, puede tener anclado el panel en un archivo llamado *Datos Norte.xlsx* y desanclado en otro archivo diferente, en uno llamado *Datos Sur.xlsx*. Pero la configuración por archivo es la misma.

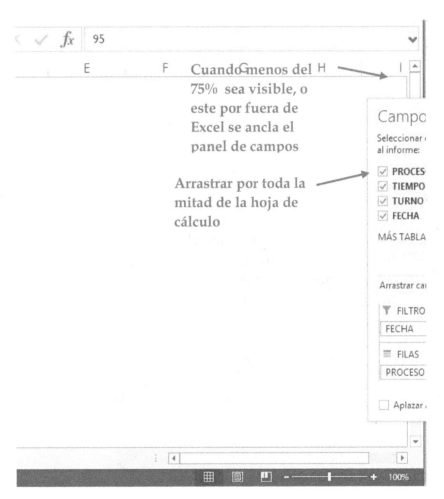

Ilustración 3. 2 – Anclar Panel de Campos

Tip 02

Convertir una Tabla Dinámica en una Tabla Normal

Ventas	Tiendas				
Productos	Tienda 1	Tienda 2	Tienda 3	Tienda 4	Total general
Producto 1		60	76	41	177
Producto 2	44	47	46	97	234
Producto 3	78	74	38	131	321
Producto 4		112	113		225
Producto 5	73	53	29	59	214
Total general	**195**	**346**	**302**	**328**	**1171**

Justificación

Usualmente es necesario cambiar la estructura de una tabla dinámica debido a varias razones: el origen de datos tiene innumerables registros o entradas, La Tabla Dinámica en si misma usa varios libros para agregar campos a las diversas áreas de valores, o simplemente el libro que contiene la Tabla Dinámica es enorme, lo que puede disminuir significativamente los tiempos de ejecución.

Elección

Si constantemente se alimenta el origen de datos o se debe cambiar los campos en las áreas de colocación no es útil utilizar este Tip, pero si por el contrario, solo se está interesado en los resultados y no se requiere modificar ni actualizar la información, convertir la Tabla Dinámica en una Tabla Normal permitirá optimizar la velocidad y el desempeño del libro, además, no será necesario mantener la Tabla de Entrada en el archivo.

Archivo de Práctica

Archivo de Excel

Descargue el Archivo de este ejemplo en el siguiente Enlace:
Tip 02 – Convertir Tabla dinámica a Tabla Normal.xlsx

• **Anexo C:** *Todos los Links del Libro Detallados*

En el archivo asociado a este Tip hay una tabla dinámica previamente creada en la hoja con nombre *tabla dinámica*

Seleccionar y Copiar

Seleccionamos toda la tabla dinámica *(Ubicar la celda activa en la primera Celda de la Tabla -> Clic Izquierdo y manteniéndolo presionado lo arrastramos por toda la tabla)* y copiamos **(CTRL + C).**

Ventas	Tiendas				
Productos	Tienda 1	Tienda 2	Tienda 3	Tienda 4	Total general
Producto 1		60	76	41	177
Producto 2	44	47	46	97	234
Producto 3	78	74	38	131	321
Producto 4		112	113		225
Producto 5	73	53	29	59	214
Total general	**195**	**346**	**302**	**328**	**1171**

Ilustración 3. 3 – Seleccionar Tabla Dinámica

Elegir Ubicación

Elegimos la celda donde queramos que la Tabla Normal quede ubicada, puede ser una hoja nueva o incluso en un libro de Excel diferente.

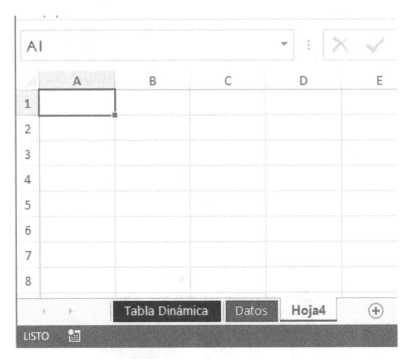

Ilustración 3. 4 – Nueva ubicación para pegar tabla normal

Pegado Especial

Posteriormente, pegamos la Tabla Utilizando Pegado Especial, para ello nos vamos a la pestaña *Inicio* grupo *Portapapeles* desplegamos las opciones de *Pegar,* Sección *Pegar Valores* y pulsamos clic en el comando *Formato de Valores y de Origen.* Véase *la Ilustración 3.5.*

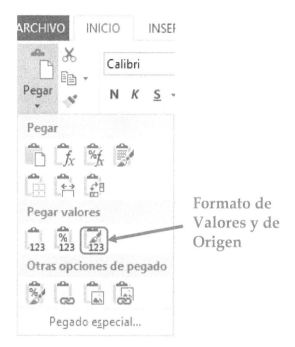

Ilustración 3. 5 – Pegado Especial

Después, la tabla dinámica queda como la mostrada en la *Ilustración 3.6.*

	A	B	C	D	E	F
1	Ventas	Tiendas				
2	Productos	Tienda 1	Tienda 2	Tienda 3	Tienda 4	Total general
3	Producto 1		60	76	41	177
4	Producto 2	44	47	46	97	234
5	Producto 3	78	74	38	131	321
6	Producto 4		112	113		225
7	Producto 5	73	53	29	59	214
8	Total general	195	346	302	328	1171

Ilustración 3. 6 – Tabla Normal (Sin Formato)

Si desea mantener el formato original de la tabla dinámica, inmediatamente después de pegar por valores, diríjase nuevamente a las opciones de pegado especial, pero esta vez seleccione el comando *Formato* en la sección *Otras Opciones de Pegado*. Véase la *Ilustración 1.37*.

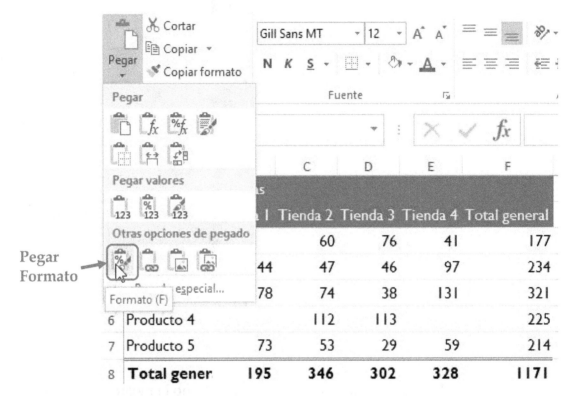

Ilustración 3. 7 – Pegar Formato, Tabla Dinámica Normal (Con Formato)

Tip 03

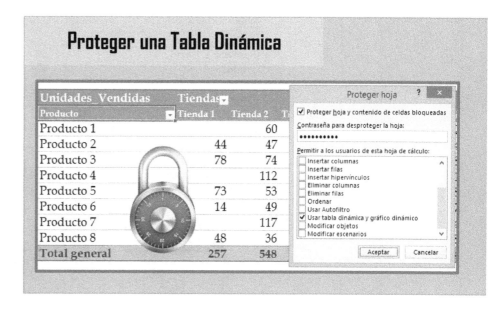

Proteger una Tabla Dinámica

Justificación

Con frecuencia es necesario compartir una tabla Dinámica con diferentes personas pero no queremos que la Tabla pueda ser modificada por ninguno de los usuarios, teniendo esto en mente, Excel habilita protección a la hoja de cálculo a través de una contraseña impidiendo que se haga cualquier tipo de cambio no autorizado.

Archivo de Práctica

Archivo de Excel

Descargue el Archivo de este ejemplo en el siguiente Enlace:
 Tip 03 – Proteger Tabla Dinámica.xlsx

• **Anexo C:** *Todos los Links del Libro Detallados*

Seleccionar Hoja de Cálculo

Seleccionamos la Hoja de Cálculo que contiene la Tabla Dinámica que vamos a proteger.

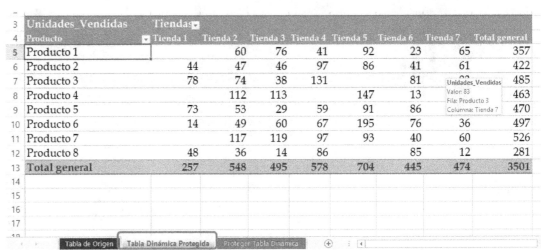

Unidades_Vendidas	Tiendas							
Producto	Tienda 1	Tienda 2	Tienda 3	Tienda 4	Tienda 5	Tienda 6	Tienda 7	Total general
Producto 1		60	76	41	92	23	65	357
Producto 2	44	47	46	97	86	41	61	422
Producto 3	78	74	38	131		81		485
Producto 4		112	113		147	13		463
Producto 5	73	53	29	59	91	86		470
Producto 6	14	49	60	67	195	76	36	497
Producto 7		117	119	97	93	40	60	526
Producto 8	48	36	14	86		85	12	281
Total general	257	548	495	578	704	445	474	3501

Ilustración 3. 8 – Tabla Dinámica

Protección de la Hoja

Ahora es necesario proteger la Hoja de Cálculo y su contenido, vamos a la pestaña *Inicio* Grupo *Celda*, desplegamos las opciones de *Formato*, nos dirigimos a la sección *Formato* y pulsamos clic en el comando *Proteger Hoja*. Véase la *Ilustración 3.9*.

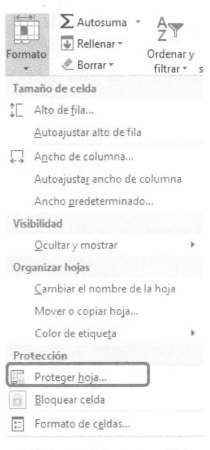

Ilustración 3. 9 – Proteger Hoja

Con la opción anterior se despliega el cuadro de diálogo: *Proteger Hoja,* Véase la *Ilustración 3.10,* en este último vamos a seleccionar las opciones: Proteger hojas y contenido de celdas bloqueadas y Usar tablas dinámicas y gráficos dinámicos. Insertamos una contraseña en el cuadro de texto disponible para esto, de esta forma el usuario habilitado puede modificar el archivo, clic en el botón *Aceptar.*

Ilustración 3. 10 – Cuadro de Diálogo: Proteger Hoja

Con la acción anterior se despliega otro cuadro de diálogo que nos pide confirma la contraseña. *Ilustración 3.11.*

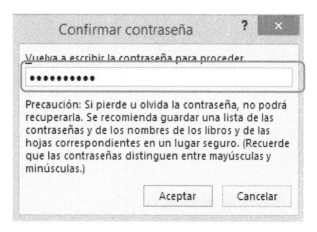

Ilustración 3. 11 – Confirmar contraseña

**Desproteger la
Tabla Dinámica**

Si se quiere habilitar nuevamente la Hoja donde se encuentra la Tabla Dinámica debemos seleccionar la opción desproteger hoja e insertar la contraseña preestablecida. (*Inicio -> Formato -> Desproteger Hoja -> Escribimos la Contraseña preestablecida -> Aceptar*).

Tienda 3	Tienda 4	Tienda 5	Tie		
76	41	92			
46	97	86	41	61	422
38	131		81	83	485
113		147	13	78	463
29	59	91	86	79	470
60	67	195	76	36	497
119	97	93	40	60	526
14	86		85	12	281
495	578	704	445	474	3501

Ilustración 3. 12 – Desproteger Hoja

Nota:

En Ciertas ocasiones si queremos que un tercero modifique la tabla dinámica, pero con algunas restricciones, para esto:

Véase la Macros 04 y 05 del Capítulo 4

Tip 04

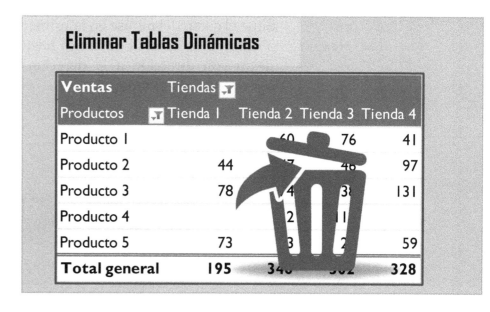

Eliminar Tablas Dinámicas

Ventas	Tiendas			
Productos	Tienda 1	Tienda 2	Tienda 3	Tienda 4
Producto 1			76	41
Producto 2	44			97
Producto 3	78		38	131
Producto 4				
Producto 5	73			59
Total general	**195**			**328**

¿Porque?

Es clara la importancia y utilidad de las Tablas Dinámicas en el momento de hacer un análisis de información y construir un reporte, pero cuando utilizamos esta funcionalidad de Excel y hacemos un gran número de Tablas Dinámicas el tamaño del Libro puede incrementar considerablemente, lo que trae como consecutiva una disminución en el rendimiento de libro o simplemente ya terminamos nuestra tarea con ellas, veamos cuan sencillo es eliminar un reporte de tabla dinámica y como eliminar varios reportes en distintas hojas de manera automática.

Archivo de Práctica

Archivo de Excel

Descargue el Archivo de este ejemplo en el siguiente Enlace:
Tip 04 – Eliminar Tablas Dinámicas.xlsm

• **Anexo C:** *Todos los Links del Libro Detallados*

Puede practicar la temática expuesta en el archivo Tip 04 – Eliminar Tablas Dinámicas.xlsm.

Seleccionar Tabla Dinámica

Situe el curso del mouse en la primera celda de arriba abajo y de izquierda a derecha de la tabla dinámica hasta que este se convierta en una flecha negra con dirección a la derecha. Véase la *Ilustración 3.13*. Clic y se selecciona todo el reporte.

	A	B	C	D	E
1					
2					
3	Ventas	Tiendas			
4	Productos	Tienda 1	Tienda 2	Tienda 3	Tienda 4
5	Producto 1		60	76	41
6	Producto 2	44	47	46	97
7	Producto 3	78	74	38	131
8	Producto 4		112	113	
9	Producto 5	73	53	29	59
10	Total general	195	346	302	328

Ilustración 3. 13 – Seleccionar Tabla Dinámica

Borrar Tabla Dinámica

Una vez seleccionada la tabla dinámica nos dirigimos a la pestaña *Inicio*, grupo *Modificar*, desplegamos las opciones de *Borrar* y pulsamos clic en el comando *Eliminar Todo*, inmediatamente Excel borra en su totalidad la tabla dinámica. Véase la *Ilustración 3.14*.

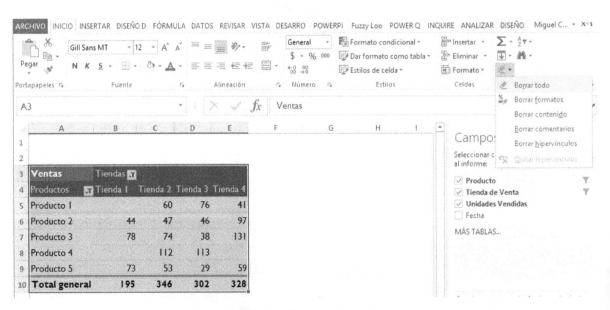

Ilustración 3. 14 – Eliminar Tabla Dinámica

Eliminar Todas Tabla

Es posible que tengamos múltiples tablas dinámicas en distintas hojas de Excel y deseamos deshacernos de todas ellas, lo cierto es que eliminar manualmente una a una cada tabla dinámica en un archivo de Excel como se explicó hace un momento, es muy ineficiente y algo molesto, en lugar de ello podemos utilizar la siguiente Macro.

```
Public Sub EliminarReportes()

Dim Hoja As Worksheet
Dim Reporte As PivotTable

  For Each Hoja In ThisWorkbook.Worksheets

    For Each Reporte In Worksheets(Hoja.Name).PivotTables

      Reporte.TableRange2.Clear
    Next

    Next

  End Sub
```

Nota:

La Macro anterior elimina todos los reportes de Tabla Dinámica en un Libro de Excel sin excepción, pero si alguna tiene Slicers asociados estos no son borrados.

Si desea mayor explicación del código y quiere conocer como eliminar un conjunto de tablas Dinámicas y sus Slicers:

Véase la Macros 09 del Capítulo 4

Tip 05

Duplicar una Tabla Dinámica

Almacén	Ingresos
Aldi	$ 540.629.021.268,00
Carrefour	$ 638.254.852.652,00
Carulla	$ 602.559.917.770,00
Easy	$ 656.396.371.095,00
Éxito	$ 620.291.353.072,00
Fareway	$ 624.306.064.998,00
Giant Eagle	$ 573.693.843.381,00
Harris Teeter	$ 607.696.675.001,00

Introducción

Cuando se crea una Tabla Dinámica a partir de otra, se mantiene el estilo, la estructura, y además, ambas tablas comparten el mismo espacio en la memoria cache, lo cual representa una gran ventaja porque podemos optimizar la velocidad de un reporte que contiene varias tablas dinámicas.

Copiar Y Pegar

Para duplicar, simplemente seleccionamos toda la tabla dinámica, luego, utilizamos la combinación de teclas **CTRL + C** para copiarla y por ultimo elegimos la celda donde queremos ubicar la nueva tabla y la pegamos **(CTRL +V).**

Ventaja

Lo más llamativo de este método es que podemos cambiar los campos en las diferentes áreas y aun así las tablas compartirán el mismo espacio en memoria. En conclusión, es una forma eficaz para mejorar el desempeño de cualquier reporte con varias tablas dinámicas que tienen el mismo origen de datos.

Almacén	Suma de Ingresos		Almacén	Suma de Ingresos
Aldi	$ 540.629.021.268,00		Aldi	$ 540.629.021.268,00
Carrefour	$ 638.254.852.652,00		Carrefour	$ 638.254.852.652,00
Carulla	$ 602.559.917.770,00		Carulla	$ 602.559.917.770,00
Easy	$ 656.396.371.095,00		Easy	$ 656.396.371.095,00
Éxito	$ 620.291.353.072,00		Éxito	$ 620.291.353.072,00
Fareway	$ 624.306.064.998,00		Fareway	$ 624.306.064.998,00
Giant Eagle	$ 573.693.843.381,00		Giant Eagle	$ 573.693.843.381,00
Harris Teeter	$ 607.696.675.001,00		Harris Teeter	$ 607.696.675.001,00
Maxi	$ 605.003.358.541,00		Maxi	$ 605.003.358.541,00
Merka-Ya	$ 647.059.053.293,00		Merka-Ya	$ 647.059.053.293,00
Publix	$ 622.414.156.796,00		Publix	$ 622.414.156.796,00
Super Duper	$ 541.823.109.901,00		Super Duper	$ 541.823.109.901,00
The Best	$ 589.019.832.977,00		The Best	$ 589.019.832.977,00
Trader Joe's	$ 561.746.363.413,00		Trader Joe's	$ 561.746.363.413,00
Wall Mart	$ 651.589.520.997,00		Wall Mart	$ 651.589.520.997,00
Wegmans	$ 611.259.208.960,00		Wegmans	$ 611.259.208.960,00
Total general	**$ 9.693.742.704.115,00**		**Total general**	**$ 9.693.742.704.115,00**

Ilustración 3. 15 – Duplicar Reportes

Tutorial Sobre Tablas Dinámicas Dependientes e Independientes

Si el lector desea conocer más información sobre la memoria caché compartida puede hacer clic en cualquiera de los siguientes links donde encontrara un vídeo tutorial sobre esta temática.

o **Sesión**: Tablas dinámicas independientes y dependientes. Excel 2013
o**Link**:https://www.youtube.com/watch?v=sNn-k2sMK3c&list=PLSdsBDsvCDtd90WCQnZo-0OpzBu4duKcV&index=12

Archivo de Práctica

Archivo de Excel

Descargue el Archivo de este Tip en el siguiente Enlace:
Tip 05 - Duplicar una Tabla Dinámica.xlsx

• **Anexo C:** *Todos los Links del Libro Detallados*

Tip 06

Información Inicial

Para entender las limitaciones de una Tabla Dinámica es importante tener en cuenta que Microsoft incremento dramáticamente el número de filas y columnas en una hoja de cálculo en las versiones 2007 y 2013, con respecto a la versión 2003; lo cual ha forzado que las restricciones en varias herramientas y funcionalidades de Excel aumenten considerablemente, incluidas las Tablas Dinámicas.

Limitaciones de una Tabla Dinámica

En la siguiente tabla se muestran las limitaciones de una Tabla Dinámica, algunas de estas restricciones son constantes y otras dependen directamente de la memoria disponible en el sistema. También puede consultar Online el siguiente artículo:

Enlace

Para Acceder al artículo, siga este enlace:
Límites de una Tabla Dinámica

- **Anexo C:** *Todos los Links del Libro Detallados*

Ámbito	Excel 2002/2003	Excel 2007/2013
Número de Campos de Fila	Limitado por memoria disponible	1,048,576 (Podría ser limitado por la memoria disponible)
Número de Campos de Columna	256	16,384
Número de Campos de página	256	16,384
Número de Campos de Información	256	16,384
Número de Ítems únicos en una sola Tabla Dinámica	32,500	1,048,576 (Podría ser limitado por la memoria disponible)
Numero de Ítems calculados	Limitado por memoria disponible	Limitado por memoria disponible
Numero de tablas dinámicas permitidas en una Hoja de Calculo	Limitado por memoria disponible	Limitado por memoria disponible

¿Por qué?   Es importante conocer las restricciones presentes en las Tablas Dinámicas para que cuando sean utilizadas en cualquier tipo de actividad cumplan con su objetivo y no generen ningún error en los datos calculados.

Tip 07

Mostrar Detalle en los Datos

Ganacia - LATAM	Gananica - Europa	Ganacia - Asia	Punto de Venta	Ingresos
5749128	1958649	6230235	Wall Mart	13938012
960201	609939	4052169	Wall Mart	22309
850054100	289413768	207373663	Wall Mart	
4305807	7065630	7218618	Wall Mart	
3556971	430782	4734576	Wall Mar	
8180832	7214592	6288612	Wall Mar	
1696959	6405366	976305	Wall Mart	
3444243	2568588	5680686	Wall Mart	
2765862	6105429	9489282	Wall Mart	0573
10795719	16971603	11508321	Wall Mart	39275643
9471165	3164436	225456	Wall Mart	12861057
8464665	9889869	4418535	Wall Mart	22773069
764940	4565484	9630192	Wall Mart	14960616
2540406	2163975	7508490	Wall Mart	12212871
13533399	17883492	11441892	Wall Mart	42858783

Introducción

En ocasiones se nos solicita tener información en detalle sobre un ítem en particular que pertenece a una tabla dinámica, dicha tarea puede llegar a ser complicada y algo tediosa de realizar, para facilitar el trabajo utilizaremos los siguientes pasos:

Drill Down

Para mostrar el detalle o Drilldown, solo debemos pulsar **doble clic** sobre el valor en la tabla dinámica y automáticamente en una hoja nueva se genera una Tabla Estructurada con la información solicitada.

Ejemplo

Supongamos que se nos solicita la información referente a los ingresos de la tienda Wall Mart asociada al reporte presentado en la *Ilustración 3.16*. Primero, ubicamos el valor y luego, hacemos doble clic izquierdo sobre él.

Mostrar Detalle

El anterior procedimiento también se puede llevar a cabo pulsando **clic derecho** y seleccionando la opción **Mostrar Detalle** en vez de dar doble clic sobre el ítem a analizar. Véase la *Ilustración 3.17*.

Almacén	Ingresos
Aldi	$ 540.629.021.268,00
Carrefour	$ 638.254.852.652,00
Carulla	$ 602.559.917.770,00
Easy	$ 656.396.371.095,00
Éxito	$ 620.291.353.072,00
Fareway	$ 624.306.064.998,00
Giant Eagle	$ 573.693.843.381,00
Harris Teeter	$ 607.696.675.001,00
Maxi	$ 605.003.358.541,00
Merka-Ya	$ 647.059.053.293,00
Publix	$ 622.414.156.796,00
Super Duper	$ 541.823.109.901,00
The Best	$ 589.019.832.977,00
Trader Joe's	$ 561.746.363.413,00
Wall Mart	$ 651.589.520.997,00
Wegmans	$ 611.259.208.960,00
Total general	**$ 9.693.742.704.115,00**

Ilustración 3. 16 – Tabla Dinámica Almacén

Almacén	Ingresos	
Aldi	$ 540.6	📋 Copiar
Carrefour	$ 638.2	Formato de celdas...
Carulla	$ 602.5	Formato de número...
Easy	$ 656.3	Actualizar
Éxito	$ 620.2	Ordenar ▶
Fareway	$ 624.3	✕ Quitar "Ingresos "
Giant Eagle	$ 573.6	Resumir valores por ▶
Harris Teeter	$ 607.6	Mostrar valores como ▶
Maxi	$ 605.0	Mostrar detalles
Merka-Ya	$ 647.0	Configuración de campo de valor...
Publix	$ 622.4	Opciones de tabla dinámica...
Super Duper	$ 541.8	Ocultar lista de campos
The Best	$ 589.0	
Trader Joe's	$ 561.7	
Wall Mart	$ 651.589.520.997,00	

Ilustración 3. 17 – Mostrar Detalle

Tabla Estructurada — Luego de utilizar cualquiera de los dos métodos mencionados, en una hoja nueva se genera una tabla estructurada con todo el detalle sobre ese ítem en particular. Ver *Ilustración 3.18.*

Ganacia - LATAM	Gananica - Europa	Ganacia - Asia	Punto de Venta	Ingresos
5749128	1958649	6230235	Wall Mart	13938012
960201	609939	4052169	Wall Mart	5622309
850054100	289413768	207373663	Wall Mart	1346841531
4305807	7065630	7218618	Wall Mart	18590055
3556971	430782	4734576	Wall Mart	8722329
8180832	7214592	6288612	Wall Mart	21684036
1696959	6405366	976305	Wall Mart	9078630
3444243	2568588	5680686	Wall Mart	11693517
2765862	6105429	9489282	Wall Mart	18360573
10795719	16971603	11508321	Wall Mart	39275643
9471165	3164436	225456	Wall Mart	12861057
8464665	9889869	4418535	Wall Mart	22773069
764940	4565484	9630192	Wall Mart	14960616
2540406	2163975	7508490	Wall Mart	12212871
13533399	17883492	11441892	Wall Mart	42858783

Ilustración 3. 18 – Tabla Generada

Enable Drilldown

El procedimiento anterior de mostrar detalle pertenece a una propiedad llamada **EnableDrilldown** si se ajusta a **Falso** evita que el usuario obtenga detalles en los datos, para mayor énfasis véase la *macro 04 del capítulo 4*.

Archivo de Práctica

Archivo de Excel

Descargue el Archivo de este Tip en el siguiente Enlace:
Tip 07 - Mostrar Detalle en los Datos.xlsx

• **Anexo C:** *Todos los Links del Libro Detallados*

Tip 08

Filtro a través del Cursor

La manera tradicional de aplicar filtros a una tabla dinámica consiste en pulsar **clic izquierdo** en el filtro para que se despliegue la lista y así escoger un elemento. Véase la *Ilustración 3.19*. Pero existe una manera utilizando solo el teclado.

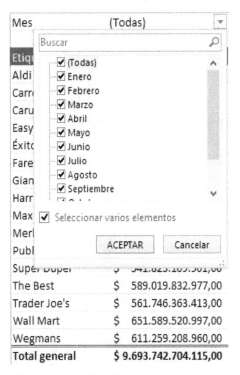

Ilustración 3. 19 – Filtro a través del Cursor

Situar la Celda Activa

Primero, debemos situar la Celda Activa en el campo para aplicar un filtro. Véase la *Ilustración 3.20*.

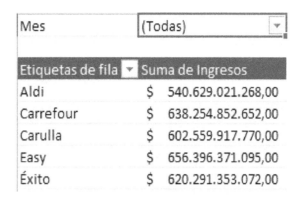

Mes	(Todas)	▼

Etiquetas de fila ▼	Suma de Ingresos
Aldi	$ 540.629.021.268,00
Carrefour	$ 638.254.852.652,00
Carulla	$ 602.559.917.770,00
Easy	$ 656.396.371.095,00
Éxito	$ 620.291.353.072,00

Ilustración 3. 20 – Ubicar Celda Activa en el Campo de Filtros

Aplicar Filtro

Por último, solo es necesario escribir el nombre del elemento en el campo de filtro, en la siguiente tabla se muestra un filtro del mes Enero para una tabla con ingresos de todo el año de diferentes tiendas. Véase la *Ilustración 3.21*.

	Mes	Enero	▼
1			
2			
3	Etiquetas de fila ▼	Suma de Ingresos	
4	Aldi	$ 36.021.439.824,00	
5	Carrefour	$ 31.038.314.815,00	
6	Carulla	$ 43.465.114.534,00	
7	Easy	$ 37.645.535.200,00	
8	Éxito	$ 36.539.351.191,00	

Ilustración 3. 21 – Aplicar Filtro mediante el teclado

Alerta de Elemento No Perteneciente al Campo

Como podemos ver, el filtro se aplicó correctamente pero en caso tal que escribamos mal el valor a filtrar, Excel muestra un mensaje de alerta indicándonos que ese elemento no pertenece al campo. Véase la *Ilustración 3.22*.

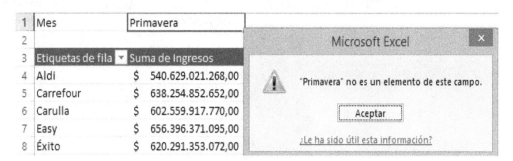

Ilustración 3. 23 - Alerta

Archivo de Práctica

Archivo de Excel

Descargue el Archivo de este Tip en el siguiente Enlace:
Tip 08 - Aplicar Filtro con Teclado.xlsx

• **Anexo C:** *Todos los Links del Libro Detallados*

Tip 9

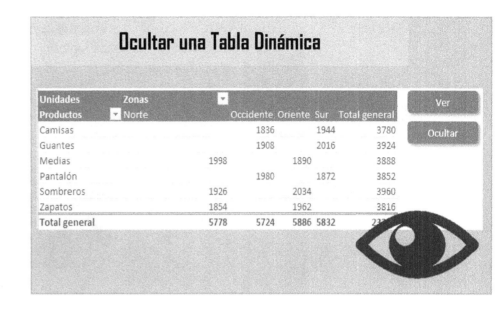

Introducción

La principal razón por la cual se quiere ocultar una Tabla Dinámica en una hoja de cálculo es porque este sencillo truco puede hacer que un reporte luzca mucho más llamativo y poder ahorra espacio en un dashboard.

Rango

El primer paso consiste en identificar en que rango de columnas se encuentra la Tabla Dinámica, para este ejemplo como se ve en *la Ilustración 3.24*. La tabla se encuentra entre las columnas A y F (A:F).

Suma de Unidades	Etiquetas de columna					
Etiquetas de fila	Norte		Occidente	Oriente	Sur	Total general
Camisas			1836		1944	3780
Guantes			1908		2016	3924
Medias		1998		1890		3888
Pantalón			1980		1872	3852
Sombreros		1926		2034		3960
Zapatos		1854		1962		3816
Total general		5778	5724	5886	5832	23220

Ilustración 3. 24 – Rango de Columnas

Botones

Ahora vamos a crear dos botones, uno de ellos ocultara la Tabla Dinámica y el otro permitirá su visualización *(Insertar -> Ilustraciones -> Formas -> y allí seleccionamos una forma que se ajuste al tipo de reporte)*. Véase la *Ilustración 3.25*.

Ilustración 3. 25 – Agregar Botones

Luego, con el cursor dibujamos la forma de nuestra preferencia y la copiamos debido a que son dos botones, recordemos poner un nombre descriptivo que haga referencia a la funcionalidad de cada botón.

	A	B	C	D	E	F	H	I
1								
2								
3	Suma de Unidades	Etiquetas de columna ▾					Ver	
4	Etiquetas de fila ▾	Norte	Occidente	Oriente	Sur	Total general		
5	Camisas		1836		1944	3780	Ocultar	
6	Guantes		1908		2016	3924		
7	Medias	1998		1890		3888		
8	Pantalón		1980		1872	3852		
9	Sombreros	1926		2034		3960		
10	Zapatos	1854		1962		3816		
11	Total general	5778	5724	5886	5832	23220		

Ilustración 3. 26 – Crear Botones

Líneas de Código

El siguiente paso consiste en abrir el Editor de Visual Basic **(ALT + F11)** y en la hoja donde se encuentra la tabla dinámica escribimos las siguientes líneas de código.

```vb
Option Explicit

'Procedimiento para ocultar la tabla dinámica

Sub Ocultar_TablaDinamica()

    'Seleccionar las columnas donde está la tabla dinámica

    Columns("A:F").Select

    'Código para ocultar las columnas

    Selection.EntireColumn.Hidden = True

End Sub

'Procedimiento para mostrar la tabla dinámica

Sub Mostrar_TablaDinamica()

    'Seleccionar las columnas donde está la tabla dinámica

    Columns("A:F").Select

    'Código para mostrar las columnas

    Selection.EntireColumn.Hidden = False

End Sub
```

Las anteriores líneas de código contienen los dos procedimientos (Ocultar y Mostrar la Tabla Dinámica), ahora asignamos los procedimientos a sus respectivos botones *(Clic derecho sobre el botón -> Asignar Macro - > Seleccionamos la Macro Mostrar_TablaDinamica -> Aceptar)*. Para finalizar repetimos el procedimiento con el otro botón.

Ilustración 3. 27 – Asignar Macro

Archivo de Práctica

Archivo de Excel

Descargue el Archivo de este Tip en el siguiente Enlace:
Tip 09 - Ocultar una Tabla Dinámica.xlsm

• **Anexo C:** *Todos los Links del Libro Detallados*

Tip 10

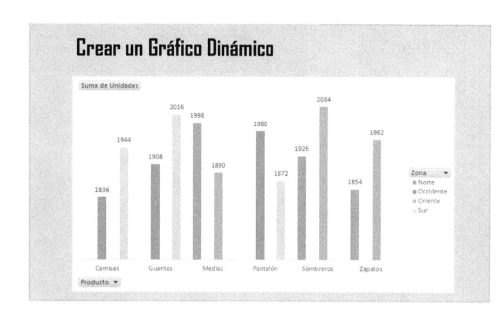

Datos de Origen

Para crear un gráfico dinámico lo primero que debemos tener en cuenta es que los datos que alimentaran el gráfico deben provenir de una Tabla Dinámica.

Celda Activa

El primer paso consiste en ubicar la celda activa sobre cualquier lugar de la Tabla Dinámica. Véase la *Ilustración 3.28*.

Suma de Unidades	Etiquetas de columna				
Etiquetas de fila	Norte	Occidente	Oriente	Sur	Total general
Camisas		1836		1944	3780
Guantes		1908		2016	3924
Medias	1998		1890		3888
Pantalón		1980		1872	3852
Sombreros	1926		2034		3960
Zapatos	1854		1962		3816
Total general	5778	5724	5886	5832	23220

Ilustración 3. 28 – Tabla Dinámica

Insertar Gráfico Dinámico

Ahora, nos dirigimos a la pestaña *Analizar*, luego, grupo *Herramientas* y allí seleccionamos la opción *Gráfico Dinámico.* Véase la *Ilustración 3.29*.

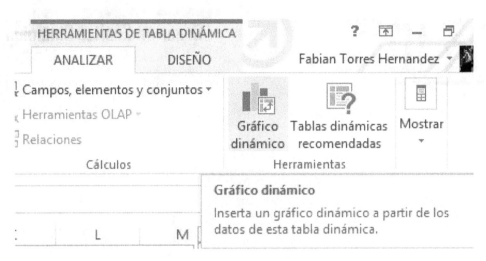

Ilustración 3. 29 – Insertar Gráfico Dinámico

Tipo de Gráfico El último paso consiste en seleccionar el tipo de grafico que mejor muestre la información, para este caso seleccionaremos el gráfico de Columna Agrupada (*En el cuadro de dialogo **Insertar Grafico** -> Columna -> Columna Agrupada -> Aceptar*). Véase la *Ilustración 3.30*.

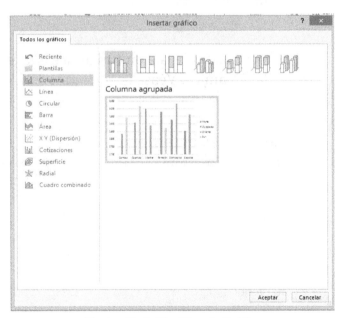

Ilustración 3. 30 – Tipo de Gráfico

Gráfico Finalizado En la hoja de cálculo automáticamente aparecerá el grafico como se muestra en la *Ilustración 3.31*.

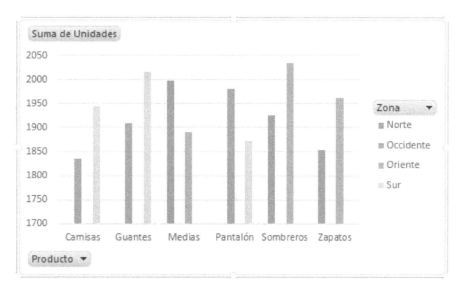

Ilustración 3. 31 – Insertar Gráfico Dinámico

Ventajas

La principal ventaja cuando se trabaja con gráficos de esta naturaleza es la flexibilidad que nos brindan para el análisis de información, ya que en cualquier momento podemos cambiar los campos en el área de la tabla dinámica y así mismo cambiara en el gráfico, en esencia, tienen la misma funcionalidad de cualquier programa en el mercado para análisis y visualización de información.

Archivo de Práctica

Archivo de Excel

Descargue el Archivo de este Tip en el siguiente Enlace:
Tip 10 - Crear un Gráfico Dinámico.xlsx

• **Anexo C: *Todos los Links del Libro Detallados***

Tip 11

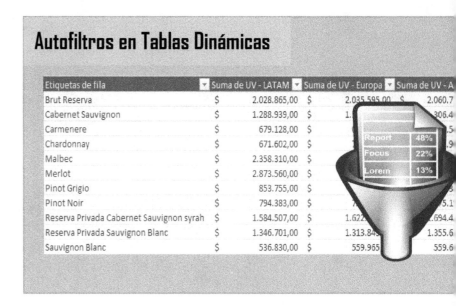

Autofiltros en Tablas Dinámicas

Etiquetas de fila	Suma de UV - LATAM	Suma de UV - Europa	Suma de UV - A
Brut Reserva	$ 2.028.865,00	$ 2.035.595,00	$ 2.060.7
Cabernet Sauvignon	$ 1.288.939,00	$ 1.	306.4
Carmenere	$ 679.128,00	$	
Chardonnay	$ 671.602,00	$	
Malbec	$ 2.358.310,00	$	
Merlot	$ 2.873.560,00	$	
Pinot Grigio	$ 853.755,00	$	
Pinot Noir	$ 794.383,00	$	5.1
Reserva Privada Cabernet Sauvignon syrah	$ 1.584.507,00	$ 1.622.	.694.4
Reserva Privada Sauvignon Blanc	$ 1.346.701,00	$ 1.313.84	1.355.6
Sauvignon Blanc	$ 536.830,00	$ 559.965	559.6

¿Por qué?

Es claro que cuando trabajamos en una tabla dinámica las opciones relacionadas a filtrar no se encuentran disponibles, sin embargo, existe una manera de habilitar esta funcionalidad. *Ilustración 3.32.*

Ilustración 3. 32 – Opciones de Tabla Dinámica

Celda Activa

Primero, ubicamos la celda activa en la celda adyacente a la tabla dinámica, en la parte superior, es decir al lado derecho del título de la última columna de la tabla. Véase la *Ilustración 3.33.*

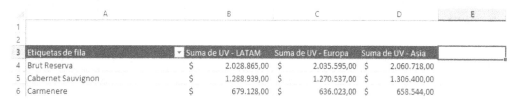

	A	B	C	D	E
1					
2					
3	Etiquetas de fila	Suma de UV - LATAM	Suma de UV - Europa	Suma de UV - Asia	
4	Brut Reserva	$ 2.028.865,00	$ 2.035.595,00	$ 2.060.718,00	
5	Cabernet Sauvignon	$ 1.288.939,00	$ 1.270.537,00	$ 1.306.400,00	
6	Carmenere	$ 679.128,00	$ 636.023,00	$ 658.544,00	

Ilustración 3. 33 – Celda Activa Adyacente

Insertar Autofiltro

Por último, debemos seleccionar la opción **Filtro** y automáticamente aparecerán las opciones de filtros en cada una de las columnas de la tabla dinámica *(Pestaña Datos -> Ordenar y Filtrar -> Filtro). Ilustración 3.34.*

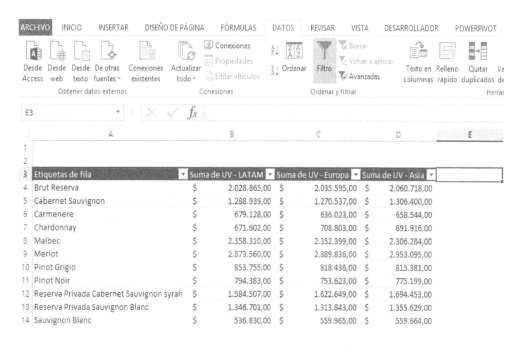

	A	B	C	D	E
1					
2					
3	Etiquetas de fila	Suma de UV - LATAM	Suma de UV - Europa	Suma de UV - Asia	
4	Brut Reserva	$ 2.028.865,00	$ 2.035.595,00	$ 2.060.718,00	
5	Cabernet Sauvignon	$ 1.288.939,00	$ 1.270.537,00	$ 1.306.400,00	
6	Carmenere	$ 679.128,00	$ 636.023,00	$ 658.544,00	
7	Chardonnay	$ 671.602,00	$ 708.803,00	$ 691.916,00	
8	Malbec	$ 2.358.310,00	$ 2.352.399,00	$ 2.306.284,00	
9	Merlot	$ 2.873.560,00	$ 2.889.836,00	$ 2.953.095,00	
10	Pinot Grigio	$ 853.755,00	$ 818.436,00	$ 815.381,00	
11	Pinot Noir	$ 794.383,00	$ 753.623,00	$ 775.199,00	
12	Reserva Privada Cabernet Sauvignon syrah	$ 1.584.507,00	$ 1.622.649,00	$ 1.694.453,00	
13	Reserva Privada Sauvignon Blanc	$ 1.346.701,00	$ 1.313.843,00	$ 1.355.629,00	
14	Sauvignon Blanc	$ 536.830,00	$ 559.965,00	$ 559.664,00	

Ilustración 3. 34 – Autofiltro en una Tabla Dinámica

Archivo de Excel

Descargue el Archivo de este Tip en el siguiente Enlace:
Tip 11 - Autofiltros en Tabla Dinámicas .xlsx

• **Anexo C:** *Todos los Links del Libro Detallados*

Tip 12

¿Por qué?

Para poder optimizar un reporte de tabla dinámica es necesario tener en cuenta el ciclo de vida de los datos de origen, es decir, si los datos van a cambiar en el tiempo, si este es el caso debemos tener en cuenta que las tablas dinámicas NO se actualizan solas, pero podemos solucionar este problema permitiendo que se actualice automáticamente al abrir el archivo.

Procedimiento

Debemos habilitar la opción Actualizar al abrir el Archivo (*Clic derecho sobre la tabla dinámica -> Opciones de Tabla Dinámica -> Pestaña Datos -> Actualizar al abrir el archivo -> Aceptar*) Ver *Ilustración 3.35*, de esta manera tendremos la certeza que la tabla dinámica se actualizara en el transcurso del tiempo.

Etiquetas de fila	Suma de Ingresos	
Aldi	$	540.629.021
Carrefour	$	638.254.852
Carulla	$	602.559.917
Easy	$	656.396.371
Éxito	$	620.291.353
Fareway	$	624.306.064
Giant Eagle	$	573.693.843
Harris Teeter	$	607.696.675
Maxi	$	605.003.358
Merka-Ya	$	647.059.053
Publix	$	622.414.156
Super Duper	$	541.823.109
The Best	$	589.019.832
Trader Joe's	$	561.746.363.413,00
Wall Mart	$	651.589.520.997,00
Wegmans	$	611.259.208.960,00
Total general	**$**	**9.693.742.704.115,00**

Menú contextual:
- Copiar
- Formato de celdas...
- Formato de número...
- Actualizar
- Ordenar
- Quitar "Suma de Ingresos"
- Resumir valores por
- Mostrar valores como
- Configuración de campo de valor...
- Opciones de tabla dinámica...
- Ocultar lista de campos

Ilustración 3. 35 – Opciones de Tabla Dinámica

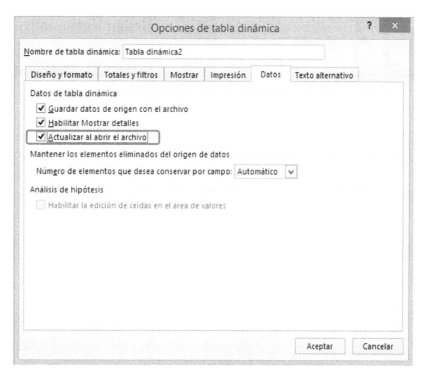

Ilustración 3. 36 – Opción para Actualizar al Abrir

Nota:

Se pueden hacer actualizaciones cada vez que se hace un cambio en el Origen de Datos para ello:

Véase la Macros 01 del Capítulo 4

Archivo de Excel

Descargue el Archivo de este Tip en el siguiente Enlace:
Tip 12 - Actualizar la Tabla Dinámica al abrir el Archivo.xlsx

• **Anexo C:** *Todos los Links del Libro Detallados*

Tip 13

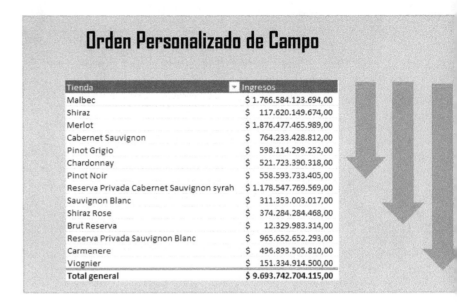

Orden Personalizado de Campo

Tienda	Ingresos
Malbec	$ 1.766.584.123.694,00
Shiraz	$ 117.620.149.674,00
Merlot	$ 1.876.477.465.989,00
Cabernet Sauvignon	$ 764.233.428.812,00
Pinot Grigio	$ 598.114.299.252,00
Chardonnay	$ 521.723.390.318,00
Pinot Noir	$ 558.593.733.405,00
Reserva Privada Cabernet Sauvignon syrah	$ 1.178.547.769.569,00
Sauvignon Blanc	$ 311.353.003.017,00
Shiraz Rose	$ 374.284.284.468,00
Brut Reserva	$ 12.329.983.314,00
Reserva Privada Sauvignon Blanc	$ 965.652.652.293,00
Carmenere	$ 496.893.505.810,00
Viognier	$ 151.334.914.500,00
Total general	**$ 9.693.742.704.115,00**

¿Por qué?

Existe la posibilidad que se requiera ordenar los elementos de una tabla dinámica de manera diferente a las opciones pre establecidas por Excel, para ello crearemos un orden personalizado y luego lo aplicaremos en la tabla dinámica.

Selección

El primer paso es seleccionar todos los elementos de la tabla dinámica y luego es necesario ubicarnos en el borde de selección y allí, manteniendo presionado el botón derecho arrastramos la selección hacia una celda que este por fuera de la tabla dinámica y soltamos el botón derecho. Véase la *Ilustración 3.37*.

Etiquetas de fila	Suma de Ingresos
Cabernet Sauvignon	$ 764.233.428.812,00
Malbec	$ 1.766.584.123.694,00
Brut Reserva	$ 12.329.983.314,00
Merlot	$ 1.876.477.465.989,00
Pinot Grigio	$ 598.114.299.252,00
Pinot Noir	$ 558.593.733.405,00
Carmenere	$ 496.893.505.810,00
Reserva Privada Cabernet Sauvignon syrah	$ 1.178.547.769.569,00
Chardonnay	$ 521.723.390.318,00
Reserva Privada Sauvignon Blanc	$ 965.652.652.293,00
Shiraz Rose	$ 374.284.284.468,00
Sauvignon Blanc	$ 311.353.003.017,00
Shiraz	$ 117.620.149.674,00
Viognier	$ 151.334.914.500,00
Total general	**$ 9.693.742.704.115,00**

D4:D17

Ilustración 3. 37 – Copiar Elementos

Automáticamente se despliegan una serie de opciones y elegimos la opción copiar aquí solo como valores.

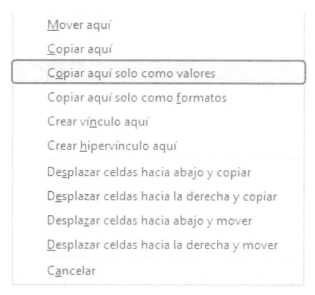

Ilustración 3. 38 – Copiar Aquí Solo como Valores

Nuevo Orden de Datos

En los nuevos valores, organizamos los datos según se requiera, con la combinación de teclas **Shift + Blog Mayus** y presionando el **botón izquierdo** podemos arrastrar las celdas para cambiar el orden.

Etiquetas de fila	Suma de Ingresos
Cabernet Sauvignon	$ 764.233.428.812,00
Malbec	$ 1.766.584.123.694,00
Brut Reserva	$ 12.329.983.314,00
Merlot	$ 1.876.477.465.989,00
Pinot Grigio	$ 598.114.299.252,00
Pinot Noir	$ 558.593.733.405,00
Carmenere	$ 496.893.505.810,00
Reserva Privada Cabernet Sauvignon syrah	$ 1.178.547.769.569,00
Chardonnay	$ 521.723.390.318,00
Reserva Privada Sauvignon Blanc	$ 965.652.652.293,00
Shiraz Rose	$ 374.284.284.468,00
Sauvignon Blanc	$ 311.353.003.017,00
Shiraz	$ 117.620.149.674,00
Viognier	$ 151.334.914.500,00
Total general	**$ 9.693.742.704.115,00**

Malbec
Viognier
Shiraz
Merlot
Cabernet Sauvignon
Pinot Grigio
Chardonnay
Pinot Noir
Reserva Privada Cabernet Sauvignon syrah
Sauvignon Blanc
Shiraz Rose
Brut Reserva
Reserva Privada Sauvignon Blanc
Carmenere

Reordenar los Elementos de la forma deseada

Ilustración 3. 39 – Nueva Organización de elementos

Intercambiar dos Celdas

Se Puede cambiar la posición de dos celdas en un solo paso, para esto se utiliza la combinación de teclas Shift + Bloq Mayús + Clic

Para mayor detalle puede ver el siguiente vídeo

- **Vídeo**: Intercambiar la posición de dos celdas
- **Link**: https://youtu.be/sYTCJuHMPdY

Guardar Nuevo Orden de Elementos

Ahora debemos seleccionar los datos y en las opciones de Excel guardamos la nueva organización de. (*Seleccionar Datos -> Archivo -> Opciones ->* se despliega el *cuadro de diálogo de opciones de Excel* y seleccionamos la sección *Avanzadas ->* Ubicamos la Sub sección *General ->* y pulsamos clic en el botón *Modificar listas Personalizadas*). Véase la *Ilustración 3.40.*

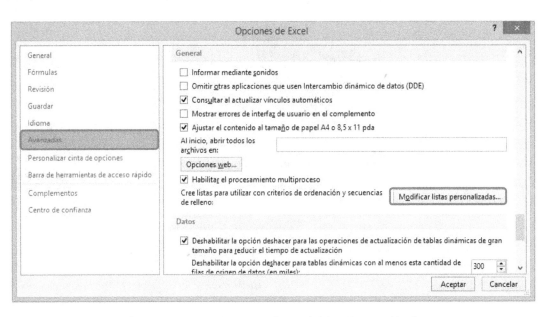

Ilustración 3. 40 – Opciones de Excel, Lista Personalizada

Con la acción anterior se despliega un nuevo cuadro de diálogo con el nombre *Opciones*. En el cuadro de texto que aparece en la parte inferior, se puede apreciar el rango que contiene la nueva organización de datos. Véase la *Ilustración 3.41*. Posteriormente pulsamos *Clic en el botón Importar*, después de dicha acción se puede apreciar en el cuadro de lista de la izquiera los nuevos elementos. Véase la *Ilustración 3.41*. Para mayor claridad. Luego pulsamos clic en el botón Aceptar y finalmente clic en el botón *Aceptar* en el cuadro de Dialogo *Opciones de Excel*.

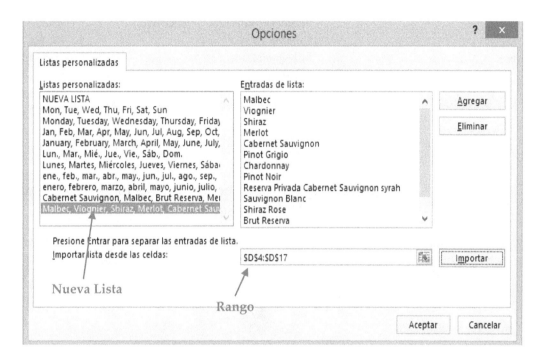

Ilustración 3. 41 – Importar Lista Personalizada

Nuevo Orden

Por ultimo debemos asignar el nuevo orden a la tabla dinámica, para esto situamos la Celda Activa en un elemnto del campo de la Tabla Dinámica al cual le vamos a dar forma personalizado. Veáse la *Ilsutración 3.42*.

Etiquetas de fila	Suma de Ingresos
Cabernet Sauvigron	$ 764.233.428.812,00
Malbec	$ 1.766.584.123.694,00
Brut Reserva	$ 12.329.983.314,00
Merlot	$ 1.876.477.465.989,00
Pinot Grigio	$ 598.114.299.252,00
Pinot Noir	$ 558.593.733.405,00
Carmenere	$ 496.893.505.810,00
Reserva Privada Cabernet Sauvignon syrah	$ 1.178.547.769.569,00
Chardonnay	$ 521.723.390.318,00
Reserva Privada Sauvignon Blanc	$ 965.652.652.293,00
Shiraz Rose	$ 374.284.284.468,00
Sauvignon Blanc	$ 311.353.003.017,00
Shiraz	$ 117.620.149.674,00
Viognier	$ 151.334.914.500,00
Total general	$ 9.693.742.704.115,00

Ilustración 3. 42 – Celda Activa

Desplegamos las opciones de ordenación y seleccionamos Más opciones de ordenación. Veáse la *Ilsutración 3.43.*

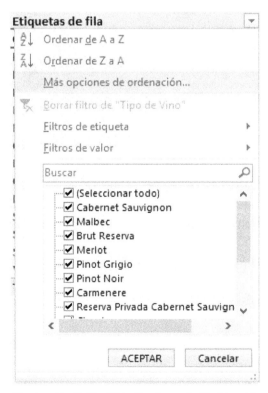

Ilustración 3. 43 – Más Opciones de Ordenación

Con la acción anterior se despliega el cuadro de dialogo *Ordenar,* allí seleccionamos el botón *Más Opciones ....* Veáse la *Ilsutración 3.44.*

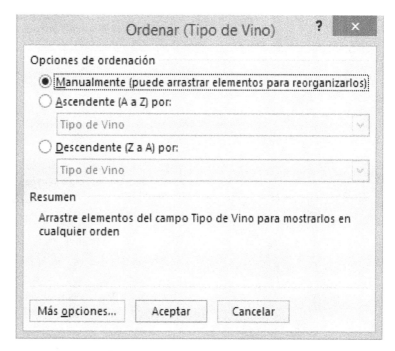

Ilustración 3. 44 – Botón más Opciones

En el nuevo cuadro de diálogo desactivamos la opción *Ordenar automaticamente cada vez que se actualice el informe* y en la lista desplegable que se habilita seleccionamos nuestro orden personalizado. Veáse la *Ilsutración 3.45.*

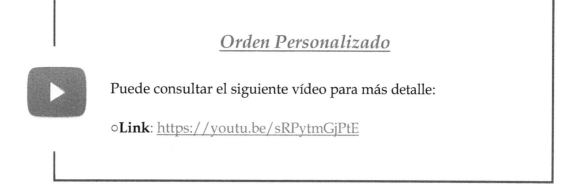

Orden Personalizado

Puede consultar el siguiente vídeo para más detalle:

o**Link**: https://youtu.be/sRPytmGjPtE

Ilustración 3. 45 – Cuadro de diálogo más opciones de ordenación

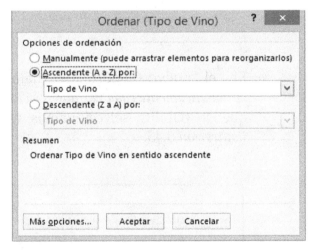

Ilustración 3. 46 – Orden Ascendente

Archivo de Excel

Descargue el Archivo de este Tip en el siguiente Enlace:
Tip 13 - Orden personalizado de Campo.xlsx

• **Anexo C:** *Todos los Links del Libro Detallados*

Tip 14

Agregar Campos al Área de Filtro con el Teclado

Día	(Todas)
Año	(Todas)
Mes	(Todas)

Almacén	Ingresos
Aldi	$ 540.629.021.268,00
Carrefour	$ 638.254.852.652,00
Carulla	$ 602.559.917.770,00
Easy	$ 656.396.371.095,00

Agregar un Campo al Área de Filtros con el cursor

Sabemos que para agregar un segundo campo en el área de filtros el proceso consiste en arrastrar con el cursor el campo que se quiere al área de filtros, pero existe una manera para que solo con el cursor al igual que en el Tip 08 se pueda hacer esta labor.

Campos de tabla di... ▾ ✕

Seleccionar campos para agregar al informe:

- ☑ **Mes**
- ☑ **Año** ▾
- ☐ Día
- ☐ Tipo de Reserva
- ☐ Tipo de Vino
- ☐ UV - LATAM
- ☐ UV - Europa
- ☐ UV - Asia
- ☐ Ganacia - LATAM

Arrastrar campos entre las áreas siguientes:

▼ FILTROS	ⅢⅠ COLUMNAS
Mes ▾	
Año ▾	

☰ FILAS	Σ VALORES
Punto de Ve... ▾	Suma de Ingr... ▾

Ilustración 3. 47 – Agregar Campo al Área Filtro a través del cursor

Situar la Celda Activa

Primero, debemos situar la Celda Activa en la etiqueta del primer filtro.

	A	B
1		
2	Mes	(Todas) ▾
3		
4	Etiquetas de fila ▾	Suma de Ingresos
5	Aldi	$ 540.629.021.268,00
6	Carrefour	$ 638.254.852.652,00
7	Carulla	$ 602.559.917.770,00
8	Easy	$ 656.396.371.095,00

Ilustración 3. 48 – Ubicar la Celda Activa en la etiqueta del primer filtro

Aplicar Filtro

Por último, escribimos sobre esta etiqueta el nombre de otro campo de la tabla dinámica y presionamos **Enter**, automáticamente Excel agrega el filtro en la fila que se encuentra encima del primer filtro.

	A	B
1	Año	(Todas) ▾
2		
3	Etiquetas de fila ▾	Suma de Ingresos
4	Aldi	$ 540.629.021.268,00
5	Carrefour	$ 638.254.852.652,00
6	Carulla	$ 602.559.917.770,00

Ilustración 3. 49 – Filtro a través del Teclado

	A	B
1	Año	(Todas) ▾
2	Mes	(Todas) ▾
3		
4	Etiquetas de fila ▾	Suma de Ingresos
5	Aldi	$ 540.629.021.268,00
6	Carrefour	$ 638.254.852.652,00
7	Carulla	$ 602.559.917.770,00
8	Easy	$ 656.396.371.095,00
9	Éxito	$ 620.291.353.072,00

Ilustración 3. 50 –Nuevo filtro a través del Teclado

Precaución

Si utilizamos esta técnica es necesario tener precaución para escribir el nombre del campo debido a que si nos equivocamos, Excel no nos mostrara ningún mensaje de alerta indicándonos que ese campo no pertenece a la tabla dinámica.

Archivo de Excel

Descargue el Archivo de este Tip en el siguiente Enlace:
Tip 14 - Agregar Campos al Área de Filtro con el Teclado.xlsx

- **Anexo C:** *Todos los Links del Libro Detallados*

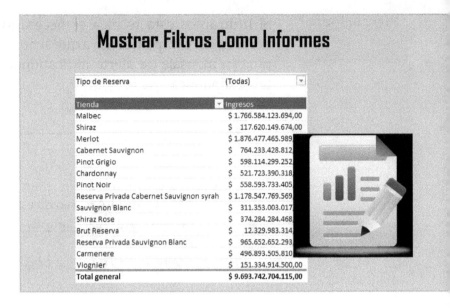

¿Por qué?

Es muy común que en algunas situaciones del trabajo diario se nos solicite hacer un reporte de tabla dinámica con la información general y el detalle sobre los diferentes filtros que pueda llegar a tener, a continuación vamos a ver un método para realizar esta labor de manera automática.

Procedimiento

Primero, debemos ubicar en el área de filtros, el campo que contenga los ítems que se quieran mostrar como informes individuales.

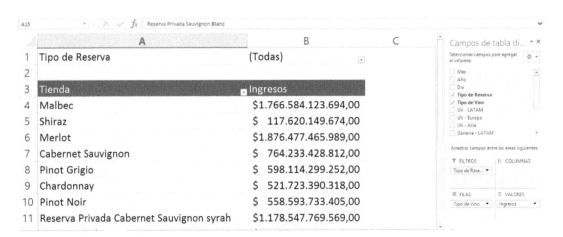

Ilustración 3. 51 – Ubicar Campo de Filtros

Procedimiento

Ahora, habilitamos la opción *Mostrar páginas de filtro de informes ... (Ubicar la celda activa en algún lugar de la tabla dinámica -> Pestaña Analizar -> Tabla Dinámica -> Opciones -> Mostrar páginas de filtro de informes ... -> En el cuadro de dialogo seleccionamos el campo y presionamos Aceptar)* y automáticamente se generaran tablas dinámicas en hojas diferentes con la información de cada uno de los elementos contenidos en el filtro.

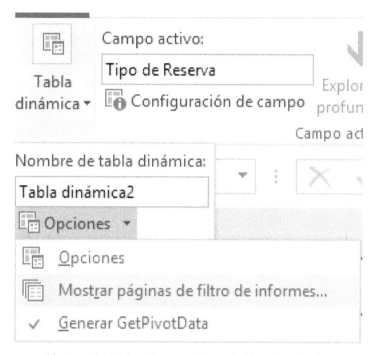

Ilustración 3. 52 – Mostar páginas de filtro de informes

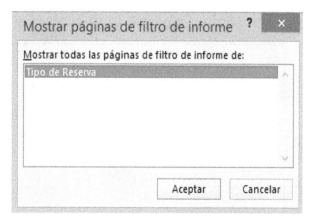

Ilustración 3. 53 – Cuadro de diálogo mostrar páginas de filtro de informe

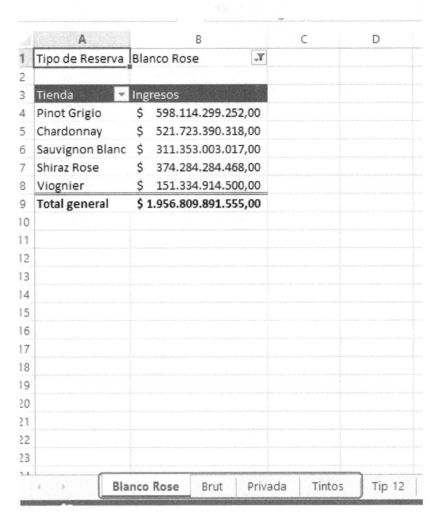

	A	B	C	D
1	Tipo de Reserva	Blanco Rose		
2				
3	Tienda	Ingresos		
4	Pinot Grigio	$ 598.114.299.252,00		
5	Chardonnay	$ 521.723.390.318,00		
6	Sauvignon Blanc	$ 311.353.003.017,00		
7	Shiraz Rose	$ 374.284.284.468,00		
8	Viognier	$ 151.334.914.500,00		
9	Total general	$ 1.956.809.891.555,00		

Hojas: **Blanco Rose** | Brut | Privada | Tintos | Tip 12

Ilustración 3. 54 – Tablas Dinámicas creadas en hojas individuales

Archivo de Excel

Descargue el Archivo de este Tip en el siguiente Enlace:
Tip 15 - Mostrar Filtros Como Informes.xlsx

• **Anexo C:** *Todos los Links del Libro Detallados*

Capítulo 4: VBA y Macros en Tablas Dinámicas

VBA

Brevísima Introducción a Programación con Tablas Dinámicas

Introducción

Programar siempre es la elección para automatizar tareas en Excel. La funcionalidad de tablas dinámicas tampoco se escapa a esto, por lo que es indispensable dedicar un capítulo a Macros.

Para este capítulo asumimos que el lector tiene un conocimiento por lo menos básico en programación en Excel, conocido como VBA (*Visual Basic para aplicaciones*). En particular asumimos que domina los temas listados a continuación:

❖ Tipos de Variables y Declaración

❖ El Modelo de Objetos

❖ Bucles repetitivos y Selectivos

Fundamentos de VBA

En caso de que el lector no cuente con este conocimiento, le recomendamos antes de continuar con este capítulo que estudie la serie dedicada a Macros en el Canal **Excel Free Blog**, la cual es 100% gratuita. En particular las siguientes sesiones: *Macro 06, Macro 07, Macro 08, Macro 8.5, Macros 10 Y Macros 11.*

A continuación se deja el enlace a todos los vídeos:

Serie Dedicada Macros

Enlace:

- ○ **Serie**: Un Primer Curso Sobre Macros y VBA

- ○ **Link**:
https://www.youtube.com/playlist?list=PLba-ZvOQ-JvNxiAWkF0Kn1zyYHKuWoyy-

- • **Anexo C:** *Todos los Links del Libro Detallados*

El Modelo de Objetos Pivot Tables

Jerarquía de Objetos

Cuando estudiamos un objeto en VBA, lo primero que debemos hacer es entender el modelo de objetos, es decir *su jerarquía.*

Si describimos la jerarquía brevemente tenemos que: el objeto *Applications* contiene el objeto *Workbook*, y el objeto *Workbook* contiene el objeto *Worksheet*, El objeto *Worksheet* contiene los Objetos *PivotTables*, los cuales pertenecen a una colección llamada *PivotTables*, y este último contiene los distintos campos en las áreas de valores, que a su vez tienen propiedades y métodos.

Otra forma de visualizar esta jerarquía, con un poco más de detalle, se muestra a continuación:

Nota:

Asegúrese de entender el Modelo de Objetos en Excel a profundidad para mayor comprensión de este capítulo.

Ud. Puede consultar esta temática en la *sesión 07 de la serie dedicada a Macros*

Application

Workbook

Worksheet

PivotTable

PivotFields

ColumnFields

HiddenFields

PageFields

RowFields

VisibleFields

Colección de Campos que contienen una tabla dinámica dependiendo de una categoría

PivoItems

PivotCahes

CalculatedMembers

Slicer

ColumnRange

DataBodyRange

RowRange

PageRange

TableRange1

TableRange2

Rangos en una tabla dinámica dependiendo de una categoría

Aunque la jerarquía anterior puede verse algo confusa e incluso abrumadora, en realidad es bastante sencilla de entender, por ejemplo si tenemos una tabla dinámica denominada *Ingresos* en una hoja llamada **Enero**, nos podemos referir a esta tabla dinámica de la siguiente forma, siguiendo la jerarquía en el diagrama anterior:

Application.Workbook("Ej").Worksheets("Enero").PivotTables("Ingresos")

Pero en lugar de utilizar el **Full Qualified References** podemos hacerlo de la siguiente manera:

Worksheets("Enero").PivotTables("Ingresos")

Tenga presente que la tabla dinámica a la cual hacemos referencia debe estar en el libro activo, luego de esto podemos seguir haciendo referencia a los objetos y sus propiedades. Antes de discutir los objetos diagramados en la jerarquía descrita en la página anterior, es importante mirar las dos colecciones disponibles de PivotTables.

Nota:

Recuerde: Una colección es un conjunto de objetos similares agrupados de forma organizada.

Las Colecciones en sí mismas también son objetos, las cuales tienen sus propias propiedades y métodos, por ejemplo la propiedad Count:

Worksheets("Reporte").PivotTables.Count

Se puede hacer referencia a un objeto en particular dentro una colección, mediante su nombre o número de índice

Worksheets("Reporte").PivotTable("Enero")
Worksheets("Reporte").PivotTable(1)

Los miembros dentro de una colección tienen sus propios métodos y propiedades.

Colección PivotTables de Workbook y Worksheet

A partir de la versión 15 de **Excel** (*Excel 2013*) contamos con dos colecciones de PivotTables, estas son:

> ❖ Workbook.PivotTables
> ❖ Worksheet.Pivotables

Ejemplos particulares:

> ❖ ThisWorkbook.PivotTables
> ❖ Worksheet("Enero").Pivotables

¿Cuál es la diferencia?

La colección Workbook.PivotTables contiene las tablas dinámicas en un libro en específico, pero **¡CUIDADO!**, esta colección solo contiene aquellas asociadas a un gráfico dinámico desacoplados, por consiguiente esta colección no siempre contiene todas las tablas dinámicas en un libro en específico.

La colección Worksheet.PivotTables contiene todas las tablas dinámicas en una hoja especificada, independientemente si el reporte está asociado con un gráfico dinámico desacoplado o no.

Colecciones de los Distintos Campos

Cómo se puede ver en el diagrama de jerarquía, el objeto PivotTable contiene un grupo de colecciones asociadas a los campos de una tabla dinámica, los cuales se listan nuevamente:

❖ PivotFields
❖ ColumnFields
❖ DataFields

❖ HiddenFields
❖ PageFields
❖ RowFields
❖ VisibleFields

Propiedades y Métodos de las Colecciones Fields

Las propiedades y métodos de estas colecciones se describen brevemente en la tabla siguiente:

Nombre	Tipo	Descripción
Item	Método	Devuelve un Objeto de la colección.
Application	Propiedad	Esta propiedad devuelve un objeto Application que representa el creador del objeto especificado.
Count	Propiedad	Devuelve un valor de tipo Long que representa el número de objetos en la colección.
Creator	Propiedad	Devuelve un valor de tipo Integer que representa la aplicación donde fue creado
Parent	Propiedad	Devuelve el objeto encima de la jerarquía PivotTable.

Ejemplos:

MsgBox Worksheets(1).PivotTables(1).PivotFields.Item(1).Value

MsgBox Me.PivotTables("Ingresos").ColumnFields.Application.Name

MsgBox Me.PivotTables("Ingresos"). HiddenFields.Count

MsgBox Me.PivotTables("Ingresos"). VisibleFields.Creator

MsgBox Me.PivotTables("Ingresos").ColumnFields.Parent.Name

PivotFields

La colección PivotFields contiene todos los campos de una tabla dinámica especificada.

Archivo de Excel

Descargue el Archivo de esta breve introducción a VBA con tablas dinámicas en el siguiente Enlace:
 Brevísima Introducción a VBA en Tablas Dinámicas.xlsm

• **Anexo C:** *Todos los Links del Libro Detallados*

En el archivo asociado a esta sección, se encuentra una hoja con nombre *Enero* la cual contiene una tabla dinámica llamada *Ingresos* ya construida. *Véase la Ilustración 4.1* para ver el panel de campos de dicho reporte.

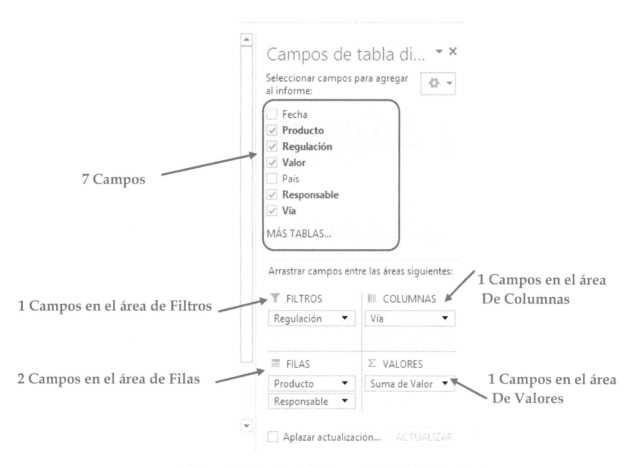

Ilustración 4. 1 – Panel de Campos de la Tabla Dinámica Ingresos

Nota:

Puede encontrar
todas las líneas
de código aquí
descritas en el
archivo asociado
a este truco

Como se puede apreciar en la *Ilustración 4.1*, para el reporte se pueden disponer de 7 distintos campos, cada uno de estos son miembros de la colección *PivotFields*. Puede ejecutar el siguiente código para verificar el número de campos:

```
Public Sub NumeroDeCampos()

    MsgBox Me.PivotTables("Ingresos").PivotFields.Count

End Sub
```

Nota:

Puede consultar
todas las
propiedades y
método en el
Examinador de
objetos y
obtener una
descripción
Online

Puede mirar
cómo se hace
esto a partir del
minuto *38:24* de
la cuarta sesión
de la *serie
dedicada a
Macros*

Nos podemos referir a un campo en específico utilizando su nombre, este es el mismo que aparece en el panel de campos, por ejemplo no podemos referir al campo *producto* de la siguiente manera:

```
Me.PivotTables("Ingresos").PivotFields("Productos")
```

Un objeto *PivotField* tiene una buena cantidad de propiedades y métodos, por ejemplo el método *ClearAllFilters* remueve todos los filtros aplicados al campo.

```
Me.PivotTables("Ingresos").PivotFields("Producto").ClearAllFilters
```

También existen más objetos en la jerarquía, por ejemplo el objeto *LableRange* devuelve un objeto Range que representa la celda que contiene el título del campo.

```
Dim pf As PivotField

Set pf = Me.PivotTables("Ingresos").PivotFields("Producto")

If pf.LabelRange.Value <> "Producto" Then

    pf.LabelRange.Value = "Producto"
End If
```

En el *Truco 03* y en las *Macros 02 y 03,* puede apreciar aplicaciones utilizando distintas propiedades y métodos del objeto *PivotField.*

ColumnFields

La colección ColumnFields, contiene todos los campos que se muestran en el área de columnas del reporte de tabla dinámica, por ejemplo, si ejecutamos la siguiente línea de código, la cual está asociada a la tabla dinámica *Ingresos,* cuyo panel de campos se muestra en la *Ilustración 4.1*:

```
MsgBox Me.PivotTables("Ingresos").ColumnFields.Count
```

Entonces, retornará 1, porque solamente existe un campo en el área de columnas actualmente.

DataFields

La colección DataFields, contiene todos los campos que se muestran en el área de valores del reporte de tabla dinámica, por ejemplo si ejecutamos la siguiente línea de código, la cual está asociada a la tabla dinámica *Ingresos* cuyo panel de campos se muestra en la *Ilustración 4.1*:

```
MsgBox Me.PivotTables("Ingresos").DataFields.Count
```

Entonces esta línea de código retornará 1, porque solamente existe un campo en el área de valores actualmente.

RowFields

La colección RowFields, contiene todos los campos que se muestran en el área de filas del reporte de tabla dinámica, por ejemplo si ejecutamos la siguiente línea de código, la cual está asociada a la tabla dinámica *Ingresos* cuyo panel de campos se muestra en la *Ilustración 4.1*:

```
MsgBox Me.PivotTables("Ingresos").RowFields.Count
```

Entonces esta línea de código retornará 2, porque se encuentran dos campos en el área de filas actualmente.

PageFields

La colección PageFields, contiene todos los campos que se muestran en el área de filtros del reporte de tabla dinámica, por ejemplo si ejecutamos la siguiente línea de código, la cual está asociada a la tabla dinámica *Ingresos* cuyo panel de campos se muestra en la *Ilustración 4.1*:

```
MsgBox Me.PivotTables("Ingresos").PageFields.Count
```

Entonces esta línea de código retornará 1, porque solamente existe un campo en el área de filtros actualmente.

HiddenFields

La colección HiddenFields contiene todos los campos que NO se muestran en el reporte de tabla dinámica, por ejemplo si ejecutamos la siguiente línea de código, la cual está asociada a la tabla dinámica *Ingresos* cuyo panel de campos se muestra en la *Ilustración 4.1*:

```
MsgBox Me.PivotTables("Ingresos").HiddenFields.Count
```

Entonces esta línea de código retornará 2, porque solamente dos del total de campos que tenemos disponibles no son utilizados en el reporte

VisibleFields

La colección VisibleFields, contiene todos los campos que SI se muestran en el reporte de tabla dinámica, por ejemplo si ejecutamos la siguiente línea de código que está asociada a la tabla dinámica *Ingresos* cuyo panel de campos se muestra en la *Ilustración 4.1*:

```
MsgBox Me.PivotTables("Ingresos").VisibleFields.Count
```

Entonces esta línea de código retornará 5, porque del total de campos se utilizan 5 para crear el reporte de tabla dinámica.

Objetos de tipo Range en una Tabla Dinámica

Ranges

Otro objeto importante a mencionar en la jerarquía de *PivotTable*, son aquellos que brindan mediante un rango una parte del reporte, estos se listan nuevamente a continuación:

❖ ColumnRange

❖ DataBodyRange

❖ RowRange

❖ PageRange

❖ TableRange1

❖ TableRange2

Las propiedades y métodos de estos son exactamente los mismos del objeto Range.

ColumnRange

ColumnRange retorna un objeto Range que representa el rango que contiene el área de columnas en un reporte de tabla dinámica.

```
MsgBox Me.PivotTables("Ingresos").ColumnRange.Address
```

La línea de código anterior retorna el rango $C$3:E$12, ya que allí se encuentran los elementos del área de columnas. *Véase la Ilustración 4.2* para mayor claridad.

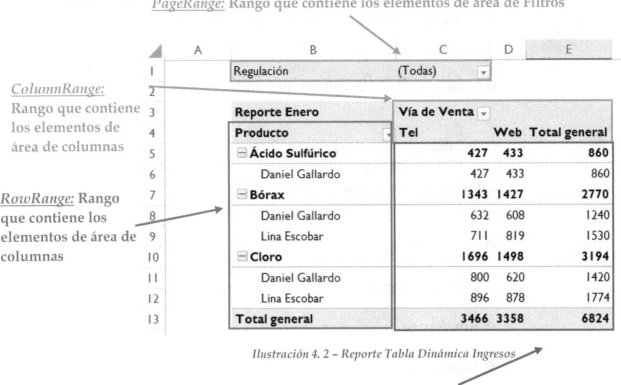

PageRange: Rango que contiene los elementos de área de Filtros

ColumnRange: Rango que contiene los elementos de área de columnas

RowRange: Rango que contiene los elementos de área de columnas

Ilustración 4. 2 – Reporte Tabla Dinámica Ingresos

DataBodyRange: Rango que contiene los elementos de área de valores

DataBody Range	DataBodyRange retorna un objeto Range que representa el rango que contiene el área de valores en un reporte de tabla dinámica.

MsgBox **Me**.PivotTables("Ingresos").DataBodyRange.Address

La línea de código anterior retorna el rango $C$5:$E$13, ya que allí se encuentran los elementos del área de valores. *Véase la Ilustración 4.2.* Para mayor claridad.

Row Range	RowRange retorna un objeto Range que representa el rango que contiene el área de filas en un reporte de tabla dinámica.

MsgBox **Me**.PivotTables("Ingresos").RowRange.Address

La línea de código anterior, retorna el rango $B$4:B$13, ya que allí se encuentran los elementos del área de filas. *Véase la Ilustración 4.2.* Para mayor claridad.

Page Range

PageRange retorna un objeto Range que representa el rango que contiene el área de filtros en un reporte de tabla dinámica.

MsgBox **Me**.PivotTables("Ingresos").PageRange.Address

La línea de código anterior retorna el rango $B$1:C$1, ya que allí se encuentran los elementos del área de filtros. *Véase la Ilustración 4.2.* Para mayor claridad.

TableRange1

TableRange1 retorna un objeto Range que representa el rango que contiene toda la tabla dinámica, pero sin incluir el área de filtros

MsgBox **Me**.PivotTables("Ingresos").TableRange1.Address

La línea de código anterior retorna el rango $B$3:E$13, ya que allí se encuentran todos los de la tabla dinámica sin incluir el área de filtros. *Véase la Ilustración 4.3.* Para mayor claridad.

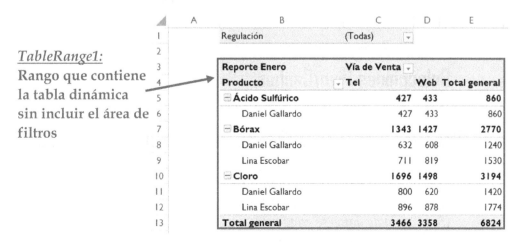

Ilustración 4. 3 – Tabla Dinámica Ingresos

TableRange2   TableRange1 retorna un objeto Range que representa el rango que contiene toda la tabla dinámica.

> MsgBox **Me**.PivotTables("Ingresos").TableRange2.Address

La línea de código anterior retorna el rango $B$1:E$13, ya que allí se encuentran toda la tabla dinámica. *Véase la Ilustración 4.4.* Para mayor claridad.

TableRange2:
Rango que contiene la tabla dinámica Completa

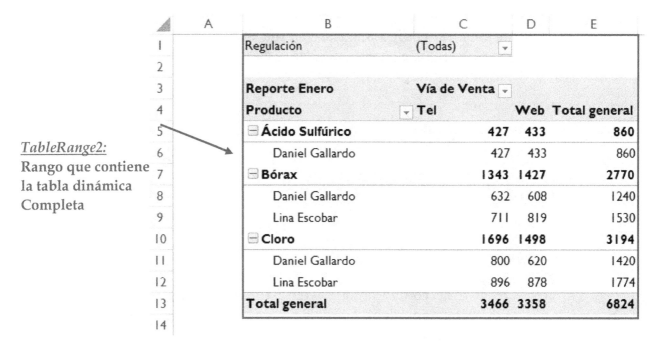

Ilustración 4. 4 – Tabla Dinámica Ingresos

	A	B	C	D	E
1		Regulación	(Todas)		
2					
3		**Reporte Enero**	**Vía de Venta**		
4		**Producto**	**Tel**	**Web**	**Total general**
5		⊟ **Ácido Sulfúrico**	427	433	860
6		Daniel Gallardo	427	433	860
7		⊟ **Bórax**	1343	1427	2770
8		Daniel Gallardo	632	608	1240
9		Lina Escobar	711	819	1530
10		⊟ **Cloro**	1696	1498	3194
11		Daniel Gallardo	800	620	1420
12		Lina Escobar	896	878	1774
13		**Total general**	**3466**	**3358**	**6824**
14					

Colecciones PivotCaches

Cuando creamos una tabla dinámica, la tabla de datos que alimenta el reporte se duplica creando una copia en la memoria caché, ya que esta operación es lo que permite la rapidez de cálculo, en otras palabras cuando creamos una tabla dinámica esta no toma los datos directamente de Excel (*Si la tabla de datos se encuentra en Excel*) sino que crea una copia de la tabla, lo cual lo podemos visualizar como una "foto instantánea" de los datos, los cuales se almacenan en la memoria caché, por esta razón cuando se agregan más datos en la tabla o se realizan modificaciones, estos cambios no se reflejen en el reporte inmediatamente, debido a que la tabla dinámica no toma los datos directamente de allí, este es el motivo por el cual debemos actualizar la tabla dinámica de forma manual, para que tome una nueva foto instantánea de los datos.

Todas las "fotos instantáneas" de los datos de las diversas tablas dinámicas que tengamos en un Libro de Excel se agrupan en una colección llamada PivotCaches.

Ejemplo:

```
Public Sub ColeccionCaches()

MsgBox ThisWorkbook.PivotCaches.Count

End Sub
```

Si el lector aplica el procedimiento anterior al archivo asociado a esta sección, podrá notar que las líneas de código devuelven el número 2 en cuadro de diálogo, esto es así ya que en el archivo existen 2 tablas dinámicas creadas de dos fuentes de datos diferentes.

Crear una Tabla Dinámica

Nota:

Las líneas de código presentadas en la *Macro 08* presentan una forma alterna de crear una tabla dinámica con VBA

Un tarea constante cuando se automatizan tablas dinámicas, es la creación de reportes mediante VBA, si bien la grabadora de macros proporciona una guía para llevar a cabo esta labor, lo cierto es que el código que brinda la grabadora es excesivamente extenso y no se puede reutilizar, básicamente porque el nombre de la tabla dinámica queda fijo y cuando se ejecuta nuevamente presenta conflicto dado que ya existe una tabla dinámica con ese nombre.

El código presentado a continuación contiene una series de mejoras en contraste a lo que brinda la grabadora de macros, no obstante, siempre es necesario adaptarlo a la situación en particular, por ejemplo al crear la "foto instantánea" o PivotCache, se debe especificar donde está la fuente de datos la cual puede variar drásticamente dependiendo de la situación, igualmente los nombres y las ubicaciones de los campos en las distintas áreas de colocación.

El siguiente procedimiento puede aplicarse al archivo asociado a esta sección, en particular en el módulo asociado a la hoja con nombre datos

---

Archivo de Excel

Descargue el Archivo de esta breve introducción a VBA con tablas dinámicas en el siguiente Enlace:
 Brevísima Introducción a VBA en Tablas Dinámicas.xlsm

• **Anexo C:** *Todos los Links del Libro Detallados*

```vba
Public Sub CrearTablaDinamica()


Dim pvtCache As PivotCache

Dim pvtReporte As PivotTable

Dim wksHoja As Worksheet
'añadir una nueva hoja para el reporte

Set wksHoja = Worksheets.Add
'Primero crear la foto de los datos en la memoria caché

Set pvtCache = ThisWorkbook.PivotCaches.Create( _

        SourceType:=xlDatabase, _

        SourceData:=WKSDatos.Range("B4").CurrentRegion)
 'Creación del reporte

Set pvtReporte = wksHoja.PivotTables.Add( _
```

```vba
            PivotCache:=pvtCache, _

            TableDestination:=wksHoja.Range("A1"), _

            TableName:="Pvt" & wksHoja.Name)


'Ubicación de los Campos

With pvtReporte

.PivotFields("Regulación").Orientation = xlPageField

.PivotFields("Vía").Orientation = xlColumnField

.PivotFields("Producto").Orientation = xlRowField

.PivotFields("Valor").Orientation = xlDataField

.DisplayFieldCaptions = False

End With

End Sub
```

Como se mencionó al principio de la sección, esto es una brevísima introducción a programación con tablas dinámicas, pero pensamos que proporciona los elementos necesarios para entender las macros de uso inmediato que se explican en el resto del capítulo, ya que en algunas ocasiones es necesario adaptarlo a un caso específico, de igual las macros también se pueden utilizar como estudio para profundizar en VBA para tablas dinámicas.

Macro 01

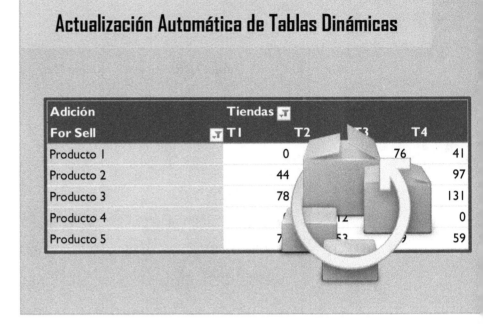

Actualización Automática de Tablas Dinámicas

Adición	Tiendas			
For Sell	T1	T2	T3	T4
Producto 1		0	76	41
Producto 2		44		97
Producto 3		78		131
Producto 4			12	0
Producto 5		7	53	59

Un Ejemplo Cotidiano

El precio a pagar por la gran cantidad de beneficios de las tablas dinamias, en particular su gran velocidad para recalcularse, es que debemos cada cierto tiempo actualizarla de forma manual, la combinación de teclas **Alt + F5** o **Ctrl + Alt + F5** (*Para todas las tablas dinámicas*) son bastante fáciles, no obstante, si tenemos múltiples tablas dinámicas con un origen de datos que se alimenta con frecuencia, hacerlo de forma manual puede ser bastante tedioso.

La macro presentada aquí solventa este problema ya que actualiza la tabla o tablas dinámicas del libro de forma automática.

Una forma sencilla es utilizar el método RefreshAll, que actualiza todas las tablas dinámicas del libro pero también todas las tablas Query, por ejemplo si tiene alguna tabla conectada a una fuente de datos en internet, esta también se actualiza, si no hace uso de estas o no le afecta puede utilizar la sencilla línea de código a continuación:

Macro sin Explicación:

```
Private Sub Worksheet_Activate ()

        ThisWorkbook.RefreshAll

End Sub
```

Macro con Explicación:

```
'Evento que se ejecuta cuando se activa la hoja donde está escrito el
'código

Private Sub Worksheet_Activate ()

        'Método que actualiza todos los rangos de datos externos
        'y todos los reportes de tabla dinámica en el libro

        ThisWorkbook.RefreshAll

End Sub
```

Copie y Pegue la macro anterior (*Con o sin explicación*) en el módulo asociado a la hoja donde tiene el origen de datos de la tabla dinámica.

Ejemplo: Macro 01 – Actualizar Automáticamente 1

Archivo de Excel

Descargue el Archivo de este ejemplo en el siguiente Enlace:
Macro 01 – Actualizar Automáticamente 1.xlsm

• **Anexo C:** *Todos los Links del Libro Detallados*

Si desea que únicamente se actualicen las tablas dinámicas del libro, utilice la siguiente macro:

Macro sin Explicación:

```
Private Sub Worksheet_Deactivate ()

        Dim wksHoja As Worksheet
        Dim pvtReporte As PivotTable


        For Each  wksHoja In ThisWorkbook.Worksheets
                For Each pvtReporte In PivotTables
                        pvtReporte.RefreshTable
                Next
        Next
End Sub
```

Macro con Explicación:

```
'Evento que se ejecuta cuando desactiva la hoja
Private Sub Worksheet_Deactivate ()

        'Declaración de dos variables objeto, una que puede contener una
        hoja y otra que puede contener una tabla dinámica

        Dim wksHoja As Worksheet

Dim pvtReporte As PivotTable

        'Se recorre todas las hojas del libro de Excel donde está contenido
        este código
        For Each  wksHoja In ThisWorkbook.Worksheets
                'Se recorre todas las tablas dinámicas de la hoja en la
                colección actual
                For Each pvtReporte In PivotTables
                        'Se Actualiza la tabla dinámica
                        pvtReporte.RefreshTable
                Next
        Next
End Sub
```

Copie y Pegue la macro anterior (*Con o sin explicación*) en el módulo asociado a la hoja donde tiene el origen de datos de la tabla dinámica.

Ejemplo: Macro 01 – Actualizar Automáticamente 2

Archivo de Excel

Descargue el Archivo de esta Macro en el siguiente Enlace:
Macro 01 – Actualizar Automáticamente 2.xlsm

- **Anexo C:** *Todos los Links del Libro Detallados*

Macro 02

Ordenar de forma Alfabética Campos y Elementos, Automáticamente

Un Ejemplo Cotidiano

Cuando creamos una tabla dinámica no es extraño que se alimente de nueva información de forma constante, por consiguiente, se pueden añadir nuevos elementos a los campos, estos, cuando se actualiza la tabla dinámica se agregan siempre al final de dicho campo en el reporte, si nuestros elementos están organizados alfabéticamente puede ser bastante molesto tener que ordenarlos de forma manual.

Ejemplo: Macro 02 – Ordenar Alfabéticamente

Archivo de Excel

Descargue el Archivo de este ejemplo en el siguiente Enlace:
Macro 02 – Ordenar Alfabeticamente.xlsm

• **Anexo C:** *Todos los Links del Libro Detallados*

El archivo *Macros 02* lista parcialmente el contenido de este libro y en él siempre se debe mantener ordenado los elementos de forma alfabética, es especialmente útil en la enumeración de trucos, 01,02 etc. Ya que se pueden ir añadiendo nuevos ítems para una edición posterior.

Macro sin Explicación:

```vba
Private Sub Worksheet_PivotTableUpdate(ByVal Target As PivotTable)

    Dim Tabla As PivotTable
    Dim Campo As PivotField
    Dim Respuesta As Variant

    Set Tabla = Target

    Application.EnableEvents = False

    For Each Campo In Tabla.PivotFields
      Campo.AutoSort Order:=xlAscending, Field:=Campo.Name
    Next

    Application.EnableEvents = True


End Sub
```

Macro con Explicación:

```vba
'Evento que se ejecuta cuando se realiza una modificación en la tabla
dinámica: actualización, mover elementos, etc.

Private Sub Worksheet_PivotTableUpdate(ByVal Target As PivotTable)

  'Declaración de una variable objeto para contener una tabla dinámica
  Dim Tabla As PivotTable

  'Declaración de una variable objeto para contener un campo
  Dim Campo As PivotField

  Dim Respuesta As Variant

  'Se le asigna a la variable tabla la tabla dinámica que se actualiza

  Set Tabla = Target

  'Se desactiva la ejecución de eventos para evitar caer un bucle infinito
```

```vba
    Application.EnableEvents = False

'Se recorre cada campo de la tabla dinámica

For Each Campo In Tabla.PivotFields

  'Se ordena el campo con el método AutoSort

   Campo.AutoSort Order:=xlAscending, Field:=Campo.Name

Next

  'Se habilitan nuevamente los eventos

Application.EnableEvents = True

End Sub
```

Copie y Pegue la macro anterior (*Con o sin explicación*) en el módulo asociado a la hoja donde tiene el origen de datos de la tabla dinámica.

Macro 03

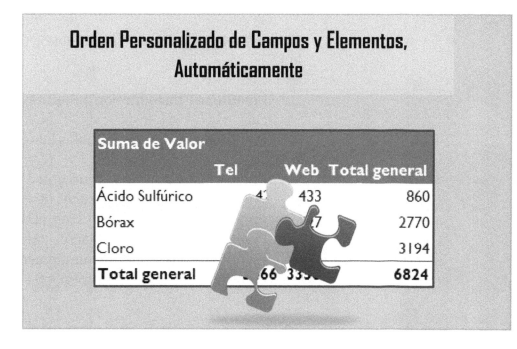

Orden Personalizado de Campos y Elementos, Automáticamente

Suma de Valor	Tel	Web	Total general
Ácido Sulfúrico	4?	433	860
Bórax		?7	2770
Cloro			3194
Total general	?66	33?	6824

Un Ejemplo Cotidiano

En algunas ocasiones queremos que el orden de los elementos de la tabla dinámica sean personalizados, para ello también podemos crear un Procedimiento Sub.

Ejemplo: Macro 03 – Orden Personalizado

Archivo de Excel

Descargue el Archivo de este ejemplo en el siguiente Enlace:
Macro 3 – Ordenar Personalizado.xlsm

• **Anexo C:** *Todos los Links del Libro Detallados*

Macro sin Explicación:

```
Public Sub OrdenPersonalizado()

    Application.EnableEvents = False
```

```vba
    With
Sheets("TablaDeContenido").PivotTables("tblContenido").PivotFields("Capítu
lo")

        .PivotItems("Introducción").Position = 1

        .PivotItems("Capítulo 0: Tablas Dinámicas a Profundidad").Position =
2
        .PivotItems("Capítulo 1: Trucos de Presentación").Position = 3
        .PivotItems("Capítulo 2. Trucos de Apliacación").Position = 4
        .PivotItems("Capítulo 3: 15 Tips, (Trucos Rápidos)").Position = 5
        .PivotItems("Capítulo 4: Macros para uso Inmediato").Position = 6
        .PivotItems("Capítulo 5: Complementos").Position = 7
        .PivotItems("Anexos").Position = 8

    End With

    Application.EnableEvents = True

End Sub
```

Macro con Explicación:

```vba
'Procedimiento para ordenar

Public Sub OrdenPersonalizdao()

    'Desactivar la ejecución de eventos para evitar un bucle infinito

    Application.EnableEvents = False

        'Orden Personalizado del campo Capítulo

    With
Sheets("TablaDeContenido").PivotTables("tblContenido").PivotFields("Capítu
lo")
        .PivotItems("Introducción").Position = 1
        .PivotItems("Capítulo 0: Tablas Dinámicas a Profundidad").Position =
2
        .PivotItems("Capítulo 1: Trucos de Presentación").Position = 3
        .PivotItems("Capítulo 2: Trucos de Aplicación").Position = 4
```

```
.PivotItems("Capítulo 3: 15 Tips, (Trucos Rápidos)").Position = 5
.PivotItems("Capítulo 4: Macros para uso Inmediato").Position = 6
.PivotItems("Capítulo 5: Complementos").Position = 7
.PivotItems("Anexos").Position = 8

End With

'Activar ejecución de eventos para evitar un bucle infinito

Application.EnableEvents = True

End Sub
```

Copie y Pegue la macro anterior (*Con o sin explicación*) en un nuevo módulo, después se puede llamar desde el evento PivotTable Update o ejecutar con un botón o comando en BHAR.

Se puede crear una combinación de orden alfabético y orden personalizado, donde primero se realiza el orden alfabético y posteriormente el orden personalizado. El archivo asociado a este truco tiene dicha estructura de código.

Macro 04

Restringir Acciones en una Tabla Dinámica

| Ventas | Tiendas | | | |
Productos	Tienda 1	Tienda 2	Tienda 3	Tienda 4
Producto 1		60		41
2	44	47	46	97
	78	74	38	131
		112	113	
	7	53	29	59
eral	175	346	302	328

Introducción

Creamos reportes de tablas dinámicas no solamente para nuestro uso personal: Análisis datos, generar conclusiones y tomar decisiones, sino que también las compartimos con terceros; puede ser con un cliente, un compañero de trabajo, gerentes de distintas divisiones y cualquier otro grupo de personas, no obstante, a pesar de que muchos de los reportes son para compartir, en algunos casos es conveniente restringir el tipo de acciones que puede realizar un tercero.

Esta Macro abarca distintas propiedades en detalle, con las cuales podemos añadir restricciones o limitaciones a nuestras tablas dinámicas dependiendo de la necesidad específica, a diferencia del *Tip 03: Proteger una Tabla dinámica*, cuyo caso no permite realizar ningún tipo de acción, sino solo lectura final.

Propiedades de PivotTable para Añadir Restricciones

El objeto **PivotTable** (*Tabla Dinámica*) en **Visual Basic para Aplicaciones (VBA)**, cuenta con diversas propiedades que nos permiten limitar ciertas características y/o componentes de los reportes de tabla dinámica, estas son:

❖ *expression*.EnableWizard
❖ *expression*.EnableDrilldown

❖ *expression*.EnableFieldList
❖ *expression*.EnableFieldDialog
❖ *expression*.PivotCahes.EnableRefresh
❖ *expression*.EnableDataValueEditing
❖ *expression*.DisplayContextTootips

expression: una variable Objeto que represente una tabla dinámica

EnableWizard Esta propiedad de tipo Booleano (True o False) cuando se configura como False deshabilita las pestañas ANALIZAR y DISEÑO que se muestran cuando se posiciona la celda activa dentro del reporte. *Véase la Ilustración 4.5.*

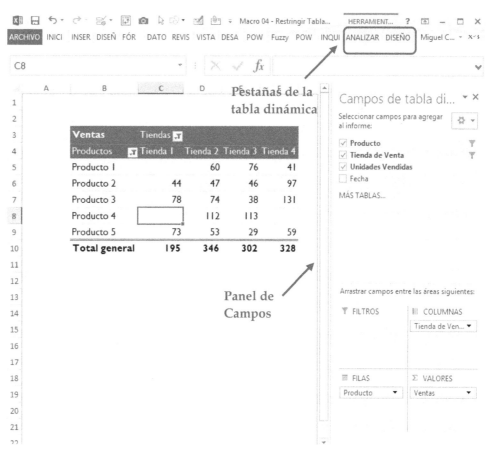

Ilustración 4. 5 – Pestaña de la Funcionalidad de Tablas Dinámicas

Cuando la propiedad EnableWizad se ajusta a **Falso** este deshabilita algunas opciones del menú contextual que se muestran cuando se pulsa clic derecho dentro del reporte, estas opciones son:

❖ Mostrar Lista de Campos
❖ Opciones de Tabla Dinámica
❖ Configuración de Campos de Valor

Nota:

Independiente si la Propiedad EnableWizard este configurada como False o True, esta permite mostrar detalles en los datos. *Véase el Tip 07*

El resto de opciones si se pueden utilizar, por lo que se puede ordenar, filtrar, utilizar distintos tipos de visualización de valores y actualizar. *Véase la Ilustración 4.6.*

Opciones que no se pueden utilizar cuando se configura la Propiedad EnableWizard de la tabla dinámica a False

Sin embargo, se puede:

- Ordenar
- Filtrar
- Cambiar Función
- Cambiar tipo de visualización de valores
- Mostrar Detalles

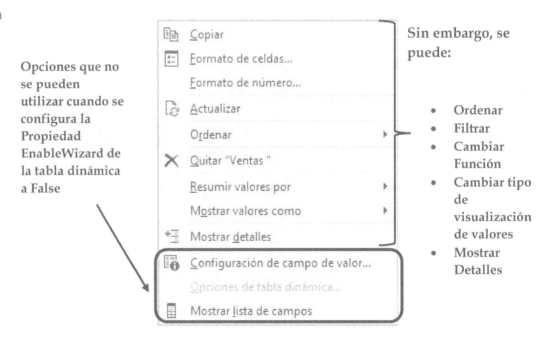

Ilustración 4. 6 – Clic derecho encima de una tabla dinámica

expression.EnableWizard = False

Nota:

La Propiedad EnableWizad solo deshabilita las pestañas y Opciones de clic derecho en aquella tabla dinámica que se especifica, si el Libro de Excel cuenta con varios reportes, no se preocupe por si desea que alguna quede completamente libre de esta limitación, si por el contrario desea que todas las tablas dinámicas en un Libro tenga esta restricción utilice un ciclo For Each como sigue:

```vba
Private Sub AplicarRestriccionWizard ()

    Dim wksHoja As Worksheet
    Dim pvtReporte As PivotTable

    For Each  wksHoja In ThisWorkbook.Worksheets

        On Error Resume Next
        wksHoja.Activate

        For Each pvtReporte In ActiveSheet.PivotTables
            pvtReporte.EnableWizard = False
        Next
    Next

End Sub
```

La estructura de código en la nota anterior también se puede utilizar para las demás propiedades que se presentan a continuación.

Enable Drilldown

Cuando la propiedad **EnableDrilldown** se ajusta a False evita que el usuario obtenga detalles en los datos cuando pulsa clic en cualquier celda del área de valores como lo indica el *Tip 07*. Es importante resaltar que para OLAP esta propiedad siempre está configurada como True.

expression.EnableWizard = False

Enable
FieldList

Esta propiedad de tipo Booleano (True o False) cuando se configura como False evita que el usuario pueda activar el panel de listas de campo (*Deshabilita el comando en la pestaña y en el menú contextual cuando se pulsa clic derecho encima del reporte*). Si el panel de campos estaba visible antes de ejecutar esta propiedad, entonces desaparece, por consiguiente, previene que se mueva un campo de un área de colocación a otra.

Independientemente si la propiedad EnableFieldList está configurada como False, aún si se puede cambiar la propiedad de la tabla dinámica, la función, de resumen, filtros, etc. Etc. *Véase la Ilustración 4.7.*

Panel de Campos

Este Panel desaparece y no se puede mostrar si se configura la propiedad EnableFieldList como False

Los campos permanecerán fijos en las áreas de colocación

Ilustración 4. 7 – Panel de Campos

Enable FieldDialog

Esta propiedad de tipo Booleano (True o False) cuando se configura como False evita que el usuario puede cambiar los campos vía el cuadro de diálogo: Configuración de campo de valor.

Para entender esta propiedad, pulse clic derecho encima del cualquier celda de una tabla dinámica, allí se despliega un menú contextual. Véase la *Ilustración 4.8*. La tras antepenúltima opción: *Configuración de campo de valor*, cuando pulsamos clic despliega el cuadro de dialogo que se muestra en la *Ilustración 4.9*.

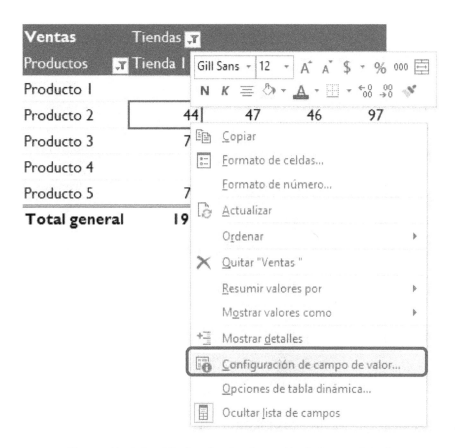

Ilustración 4. 8 – Clic derecho, Configuración de Campo de Valor

Cuando se configura la propiedad Enable FieldDialog como False, este cuadro de diálogo mediante clic derecho no aparece.

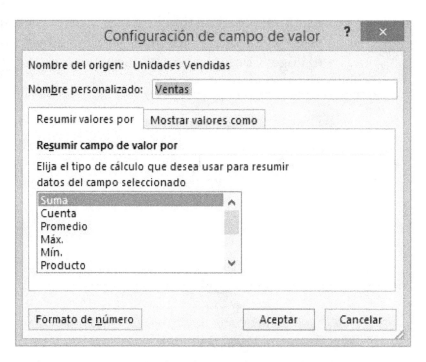

Ilustración 4. 9 – Cuadro de diálogo: Configuración de Campo de Valor

expression.PivotCahes.EnableRefresh = False

PivotCache.
EnableRefresh

Esta propiedad de tipo Booleano (True o False) cuando se configura como False evita que el reporte de tabla dinámica se pueda actualizar, con esto tanto el comando en la cinta de opciones como la opción de clic derecho quedan deshabilitados.

expression.PivotCache.EnableRefresh = False

Enable
DataValue
Editing

Esta propiedad de tipo Booleano (True o False) la cual esta predeterminada como False, cuando se configura como True permite editar los valores en el área de valores en una tabla dinámica, es difícil decir en qué momentos es útil emplear esta propiedad como True para editar valores, sin embargo se menciona.

expression.EnableDataValueEditing = True

Display Context Tooltips

Esta propiedad de tipo Booleano (True o False) la cual esta predeterminada como True, cuando se configura como False evita que los Tooltips de ayuda que aparecen cuando nos posicionamos en un elemento de valores no se muestren.

expression.EnableDataValueEditing = True

Macro sin Explicación:

```vba
Public Sub AplicarRestricciones()

    Dim pvt As PivotTable

    On Error Resume Next

    Set pvt = ActiveSheet.PivotTables(ActiveCell.PivotTable.Name)

    If pvt Is Nothing Then

        MsgBox "Por favor ubique la celda activa en una tabla dinámica"

        Exit Sub

    End If

    With pvt

    .EnableWizard = False
    .EnableDrilldown = False
    .EnableFieldDialog = False
    .EnableFieldList = False
    .PivotCache.EnableRefresh = False

    End With

End Sub
```

Macro Con Explicación:

```vba
Public Sub AplicarRestricciones()

 'Declaración de variables

  Dim pvt As PivotTable

  'Nos aseguramos que la celda activa este en una tabla dinámica
  On Error Resume Next

  Set pvt = ActiveSheet.PivotTables(ActiveCell.PivotTable.Name)

  If pvt Is Nothing Then

    MsgBox "Por favor ubique la celda activa en una tabla dinámica"

    Exit Sub

  End If

  With pvt

  'Aplicar las restricciones necesarias
  .EnableWizard = False

  .EnableDrilldown = False

  .EnableFieldDialog = False

  .EnableFieldList = False

  .PivotCache.EnableRefresh = False

  End With

End Sub
```

Ejemplo: Macro 04 – Restringir Acciones en un Reporte

Archivo de Excel

Descargue el Archivo de esta Macro en el siguiente Enlace:
Macro 4 – Restringir Acciones en un Reporte.xlsm

- **Anexo C:** *Todos los Links del Libro Detallados*

Macro 05

Restringir Acciones en Campos

Introducción

Al igual que las restricciones en una tabla dinámica, también podemos aplicar restricciones al tipo de acciones que el usuario puede realizar a los campos del reporte.

Ejemplo: Macro 05 – Restringir Acciones en Campos

Archivo de Excel

Descargue el Archivo de esta Macro en el siguiente Enlace:
Macro 5 – Restringir Acciones en Campos.xlsm

• **Anexo C:** *Todos los Links del Libro Detallados*

Propiedades de PivotTable para Añadir Restricciones

Las propiedades **PivotField** de tablas dinámicas en **Visual Basic para Aplicaciones (VBA)**, cuenta con diversas propiedades que nos permiten limitar ciertas acciones en los diferentes lugares de las áreas de colocación en un reporte, estas son:

❖ *expression*.DragToPage
❖ *expression*.DragToRow
❖ *expression*.DragToColumn
❖ *expression*.DragToData
❖ *expression*.DragToHide
❖ *expression*.EnableItemSelection

expression: una variable Objeto que represente un campo de tabla dinámica (*PivotField*).

DragToPage

Esta propiedad de tipo Booleano (True o False) cuando se configura como False evita que el usuario puede llevar un campo al área de filtros.

expression.DragToPage = False

DragToRow

Esta propiedad de tipo Booleano (True o False) cuando se configura como False evita que el usuario puede llevar un campo al área de filas.

expression.DragToRow = False

DragToColumn

Esta propiedad de tipo Booleano (True o False) cuando se configura como False evita que el usuario puede llevar un campo al área de columnas.

expression.DragToColumn = False

DragToData

Esta propiedad de tipo Booleano (True o False) cuando se configura como False evita que el usuario puede llevar un campo al área de valores.

expression.DragToData = False

DragToHide

Esta propiedad de tipo Booleano (True o False) cuando se configura como False evita que el usuario puede quitar un campo de las áreas de colocación.

expression.DragToHide = False

Enable ItemSelection

Esta propiedad de tipo Booleano (True o False) cuando se configura como False remueve la flecha de selección del campo.

expression.EnableItemSelection = False

Macro Aplicada a todos los campos de una tabla dinámica:

```vba
Public Sub AplicarRestriccionesCampos()

Dim Reporte As PivotTable
Dim Campo As PivotField

On Error Resume Next
Set Reporte _
= ActiveSheet.PivotTables(ActiveCell.PivotTable.Name)

If Reporte Is Nothing Then

  MsgBox "Por favor celda activa en un reporte"

   Exit Sub

End If

For Each Campo In Reporte.PivotFields

    Campo.EnableItemSelection = False
    Campo.DragToHide = False
    Campo.DragToRow = False
    Campo.DragToColumn = False
    Campo.DragToPage = False
    Campo.DragToData = False

Next

End Sub
```

Copie y Pegue el procedimiento anterior en un nuevo módulo, después lo puede ejecutar pulsando la tecla F5.

Nota:

El *Truco 03* proporciona una explicación de la propiedad EnableItemSelection.

Véase el Truco 01 del Capítulo 1.

Macro 06

Crear un Resumen de las Tablas Dinámicas

Compartir un Reporte

Es útil poder contar con un resumen de información general de los distintos reportes cuando tenemos múltiples tablas dinámicas en un libro de Excel dado que este proporciona detalles acerca de ello que pueden facilitar la localización de alguna para hacer modificaciones o revisar información.

Ejemplo: Macro 06 – Crear un Resumen de los Reportes

Archivo de Excel

Descargue el Archivo de esta Macro en el siguiente Enlace:
Macro 6 – Crear un resumen de las tablas dinámicas.xlsm

• **Anexo C:** *Todos los Links del Libro Detallados*

Resulta que los reportes de tabla dinámica cuentan con propiedades que nos pueden ayudar a describirlas, por lo que los podemos realizar en una hoja un resumen, la idea es obtener un sumario como el que se muestra en la *Ilustración 4.10*.

Nombre	Hoja	Localización	Índice de Caché	Origen de datos	Número de Filas
Reporte1	R1	$A$3:$E$10	1	Tabla1	104
Reporte2	R2	$A$1:$E$10	1	Tabla1	104
Reporte3	R3	$A$1:$AA$145	2	Tabla13	1573
Reporte4	R4	$A$3:$B$7	2	Tabla13	1573

Ilustración 4. 10 – Resumen de Reportes de Tabla Dinámica

Propiedades para Describir un Reporte

Las propiedades de tablas dinámicas en **Visual Basic para Aplicaciones** para describir el reporte se listan a continuación:

❖ *expression*.Name
❖ *expression*.Parent.Name
❖ *expression*.TableRange2.Address
❖ *expression*.CacheIndex
❖ *expression*.PivotCache.RecordCount

expression: una variable Objeto que represente un una tabla dinámica.

Name

Name: Nombre de la Tabla Dinámica

Parent.Name

Parent.Name: Nombre de la hoja donde se encuentra.

TableRange2. Address

TableRange2.Address: Esta propiedad retorna el rango donde se encuentra la tabla dinámica incluyendo el área de filtros.

Cache Index

CacheIndex: Esta propiedad nos indica mediante un ID cual es el espacio asignado en memoria caché.

PivotCache RecorCount

PivotCache.RecorCount: Esta propiedad devuelve el número de filas que tiene el origen de datos que alimenta el reporte.

Macro:

```vba
Public Sub CrearResumenDeReportes()

'Declaración de variables:
Dim Hoja As Worksheet
Dim Reporte As PivotTable
Dim Celda As Range

'Añadimos una nueva hoja para crear el resumen
Worksheets.Add

'Con estas líneas de código se asignan los encabezados de la tabla
Range("A1:F1") = Array( _

        "Nombre", _
        "Hoja", _
        "Localización", _
        "índice de Caché", _
        "Origen de datos", _
        "Número de Filas")

'Comenzamos en la celda A2
Set Celda = ActiveSheet.Range("A2")

'Se recorre cada hoja en el libro:
For Each Hoja In ThisWorkbook.Worksheets

'En cada hoja se recorre cada table dinámica
    For Each Reporte In Hoja.PivotTables

'Se asigna las propiedad de resumen
        Celda.Offset(0, 0) = Reporte.Name
        Celda.Offset(0, 1) = Reporte.Parent.Name
        Celda.Offset(0, 2) = Reporte.TableRange2.Address
        Celda.Offset(0, 3) = Reporte.CacheIndex
        Celda.Offset(0, 4) = Application.ConvertFormula _
        (Reporte.PivotCache.SourceData, xlR1C1, xlA1)
```

```vba
            Celda.Offset(0, 5) = Reporte.PivotCache.RecordCount
            Set Celda = Celda.Offset(1, 0)

    Next

    Next

    'Estas líneas de código dan un formato sencillo a la tabla (Opcional)
    Dim sRangoDeLaTabla As String
    sRangoDeLaTabla = ActiveSheet.Range("A1").CurrentRegion.Address
    Range("A1").Select

    ActiveSheet.ListObjects.Add(xlSrcRange, Range(sRangoDeLaTabla), , xlYes).Name = _
        "tblResumen"

    ActiveSheet.ListObjects("tblResumen").TableStyle = "TableStyleLight13"

    ActiveSheet.Cells.EntireColumn.AutoFit

End Sub
```

Copie y Pegue el procedimiento anterior en un nuevo módulo, después lo puede ejecutar pulsando la tecla F5.

Macro 07

Eliminar un Conjunto de Tablas Dinámicas y sus Slicers

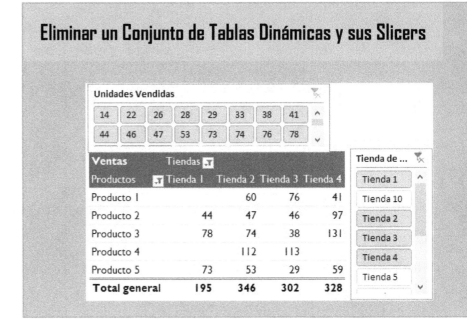

Compartir un Reporte

En el *Tip número 7* se indica como eliminar una tabla dinámica y a su vez se deja un procedimiento para eliminar tablas dinámicas en varias hojas, no obstante, al utilizar dicho procedimiento si los reportes tienen Slicer asociados no se eliminan de inmediato, esta macro ofrece una extensión de ese procedimiento para incluir la eliminación de Slicer asociados a reportes si estos existen.

Ejemplo: Macro 07 – Eliminar Reportes y Slicers

Archivo de Excel

Descargue el Archivo de esta Macro en el siguiente Enlace:
Macro 7 – Eliminar Reportes y Slicers.xlsm

• **Anexo C:** *Todos los Links del Libro Detallados*

Slicers

Una Propiedad con la cual también cuentan los objetos PivotTables es Slicers, el cual es la colección de todos los Slicer asociados a dicha tabla dinámica.

En esta versión extendida del *Tip 7* se agregar un bucle For Each para recorrer todos los Slicers y eliminarlos con el método Delete. De resto es igual.

Macro:

```
Public Sub EliminarReportes()

Dim Hoja As Worksheet
Dim Reporte As PivotTable
Dim Segmentacion As Slicer

    For Each Hoja In ThisWorkbook.Worksheets

      For Each Reporte In Worksheets(Hoja.Name).PivotTables

        For Each Segmentacion In Reporte.Slicers
          Segmentacion.Delete

        Next

        Reporte.TableRange2.Clear
      Next
    Next
End Sub
```

Copie y Pegue el procedimiento anterior en un nuevo módulo, después lo puede ejecutar pulsando la tecla F5.

Macro 08

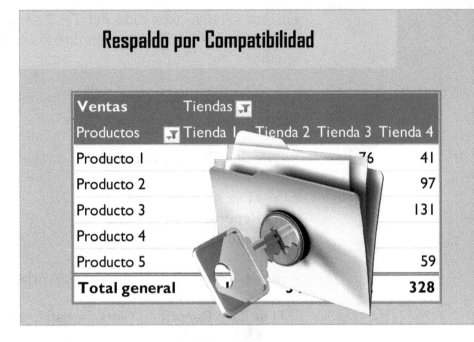

Respaldo por Compatibilidad

Ventas	Tiendas 🔽			
Productos 🔽	Tienda 1	Tienda 2	Tienda 3	Tienda 4
Producto 1			76	41
Producto 2				97
Producto 3				131
Producto 4				
Producto 5				59
Total general				**328**

Introducción

Aunque a la fecha de publicación de este libro ya han pasado 12 años desde que se lanzó la versión de Excel 2003 y desde allí se han publicado Excel 2007, 2010 y 2013, aún se pueden encontrar tablas dinámicas elaboradas en esta antigua versión e incluso todavía hay personas que utilizan Excel 2003. Las tablas dinámicas han incrementado su poder enormemente desde el 2003 y si aún tiene que utilizar o enviar reportes de tablas dinámicas a esta versión es importante asegurarse de la compatibilidad.

Ejemplo: Macro 08 – Respaldo por Compatibilidad

Archivo de Excel

Descargue el Archivo de esta Macro en el siguiente Enlace:
Macro 8 – Respaldo por Compatibilidad.xlsm

• **Anexo C:** *Todos los Links del Libro Detallados*

Para evitar errores y dolores de cabeza por compatibilidad en tablas dinámicas dadas las diferentes versiones, Microsoft introdujo el concepto de Compatibily Mode. En escencia Compatibily Mode es un estado en el cual entra un Libro de Excel cuando se abre en formato *xls*, es decir cuando Excel esta en Compatibily Mode toma todas las limitaciones de Excel 2003 por lo que siempre estarán las restricciones de la versión 2003 mientras trabajamos en Excel permitiendo de esta manera trabajar en Excel 2007, 2010 o 2013 y crear tablas dinámicas que sean soportadas en Excel 2003.

Nota:

Si se crea una Tabla dinámica con extensiones *xlsx* o *xlsm*, es decir, en versiones posteriores a la versión del año 2003, entonces, cuando se abre en Excel 2003 esta se visualiza como una tabla estática y no como dinámica, en otras palabras el reporte es eliminado.

Solución

Para evitar que una tabla dinámica se destruya en versiones anteriores a las 2003, esta se debe crear de una forma diferente, para ello siga los pasos mencionados a continuación.

1. Crear un nuevo archivo de Excel
2. Guardar el Archivo con extensión .xlsx
3. Cerrar el archivo y abrirlo nuevamente
4. Crear el reporte de tabla dinámica

Con los pasos anteriores ya se puede crear la tabla dinámica, sin embargo, la siguiente macro se encarga de todo este proceso aun trabajando en un archivo con extensiones *xlsx* o *xlsm*.

En la hoja con nombre *Datos* del archivo asociado a esta macro hay una tabla de datos en el rango A1:D105 en la hoja, esta será la fuente de datos que utilizaremos para alimentar la nueva tabla dinámica en este ejemplo, el procedimiento lo creamos en el módulo asociado a la hoja con nombre *Nueva Tabla* del archivo de esta macro.

Macro sin Explicación:

```vba
Public Sub ReporteCompatibilidad()

Dim OrigenDeDatos As Range

Set OrigenDeDatos = WKSReporte.Range("A1:D105")

ActiveWorkbook.PivotCaches.Create( _
SourceType:=xlDatabase, _
SourceData:=OrigenDeDatos, _
Version:=xlPivotTableVersion11).CreatePivotTable _
TableDestination:=Me.Range("$A$1"), _
TableName:="NuevoReporte2", _
DefaultVersion:=xlPivotTableVersion11


End Sub
```

Versiones:

- ❖ xlPivotTableVersion2000 = Excel 2000
- ❖ xlPivotTableVersion10 = Excel 2002
- ❖ xlPivotTableVersion11 = Excel 2003
- ❖ xlPivotTableVersion12 = Excel 2007
- ❖ xlPivotTableVersion14 = Excel 2010
- ❖ xlPivotTableVersion15 = Excel 2013

Capítulo 5: Introducción a PowerPivot

Power
Pivot

¿Qué es
PowerPivot?

PowerPivot es un poderoso complemento para Excel el cual se encuentra disponible a partir de la versión 2013 y brinda la capacidad de aumentar el potencial de las tablas dinámicas a un nivel prácticamente soñado de forma sencilla.

Para entender qué es PowerPivot de manera clara, pensemos en algunas limitaciones que surgen del uso de tablas dinámicas, Ud. alguna vez: …

❖ Ha pensado en utilizar una función de resumen diferente a las 12 disponibles por defecto en tablas dinámicas.

❖ No se ha encontrado con fuentes de datos las cuales tiene una gran cantidad de registros; 100 mil, 200 mil, 500 mil filas y que igualmente cuentan con una buena cantidad de columnas, y al momento de crear reporte es lento y en general ralentiza el archivo de Excel.

❖ Ha Creado un reporte de múltiples tablas organizadas de forma tabular (Como tablas estructura de Excel, por ejemplo) y ha tenido que vincularlas utilizando funciones, en particular BUSCARV.

❖ Se ha encontrado con fuentes de datos que superan el número de filas en Microsoft Excel, es decir, cantidades masivas de datos.

❖ Ha querido crear un reporte de múltiples fuentes externas, tales como: SQL Server Managament Studio, Microsoft Access, Archivos texto de manera consolidada.

❖ Contar el número de valores distintos.

¡Así es!, PowerPivot es un complemento que realiza las tareas anteriores de forma eficaz y muchísimo más, suministrando todo un arsenal de herramientas de fácil uso para hacer inteligencia de negocios a una velocidad sorprendente.

¿Qué es PowerPivot en todo caso?

PowerPivot es un complemento gratuito para Microsoft Excel el cual debe ser instalado para convertir a Excel En una poderosa máquina de procesamiento de datos brindando la oportunidad de agrupar cantidades masivas de datos de múltiples fuente y crear reportes de una manera sencilla y rápida.

El Blog Excel Free cuenta con un post que explica qué es PowerPivot por si desea múltiples definiciones:

Enlace

Para Acceder al artículo, siga este enlace:
¿Qué es PowerPivot para Excel?

• **Anexo C:** *Todos los Links del Libro Detallados*

¿Cuáles Son sus Beneficios?

Como se mencionó, PowerPivot es un complemento poderoso y trae consigo muchas ventajas, destaquemos algunas:

❖ Rapidez de cálculo.

❖ Manejar millones de datos de forma ágil y segura.

❖ Disminuir el tamaño de archivos.

❖ Permite tomar datos de múltiples tablas y fuentes construyendo relaciones entre ellas en lugar de BUSCARV.

❖ DAX, Data Analysis Expressions: Lenguaje de fórmulas que incrementa drásticamente las funciones en Tablas Dinámicas.

❖ Utiliza la interfaz de tablas dinámicas que siempre se ha empleado en Excel.

❖ Importar relaciones y tablas.

¿Qué se Necesita?

Si el lector cuenta con la versión de Excel 2013 sin importar que edición, entonces Ud. Ya cuenta con el modelo de datos, el cual es el corazón de PowerPivot y de lo cual hablaremos dos secciones más adelante.

El complemento PowerPivot se encuentra instalado en las ediciones:

❖ Microsoft Office 2013 Professional Plus

❖ Microsoft Office 2013 365 Professional Plus

❖ Microsoft Office 2013 Stand Alone

❖ Microsoft Office 2013 Enterprise

Para mostrar el complemento Ud. Debe ir a la pestaña *Archivo*, clic en *Opciones*, con esto se desplegará el cuadro de diálogo *opciones*, allí diríjase a la sección *Complementos* y en la lista desplegable *Administrar*, seleccione Complementos COM y clic en el botón *Ir*. Véase la *Ilustración 5.1*.

Complementos COM

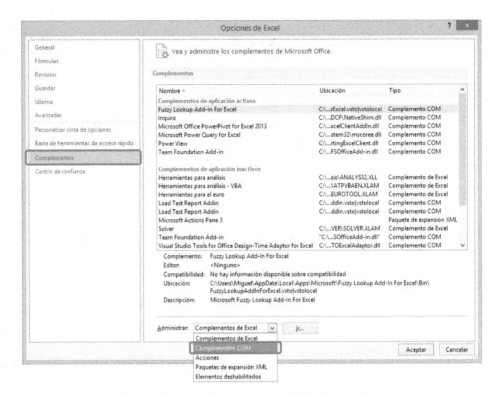

Ilustración 5. 1 – Complementos COM, PowerPivot

Activar PowerPivot

Ahora aparece el cuadro de diálogo complementos COM donde podrá ver: Microsoft Office PowerPivot for Excel 2013, seleccione y clic en el botón Aceptar. Véase la *Ilustración 5.2*.

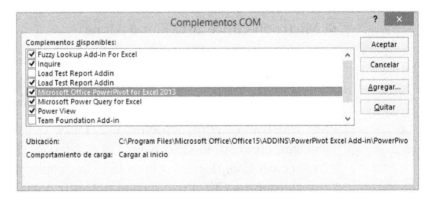

Ilustración 5. 2 – Activar PowerPivot

Ahora debe aparecer una nueva pestaña en la cinta de opciones llamada PowerPivot. Véase la *Ilustración 5.3*.

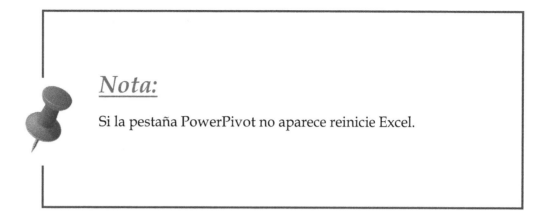

Nota:

Si la pestaña PowerPivot no aparece reinicie Excel.

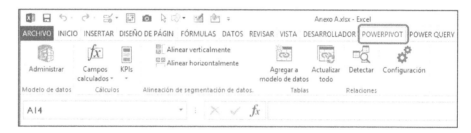

Ilustración 5. 3 – Pestaña PowerPivot

Una vez este la pestaña habilitada, podemos acceder a la interfaz de PowerPivot pulsando clic en el comando Administrar que se encuentra en el grupo Modelo de datos la *Ilustración 5.3* muestra la cinta de opciones.

Ilustración 5. 4 – Cinta de Opciones de PowerPivot

Modelo de Datos

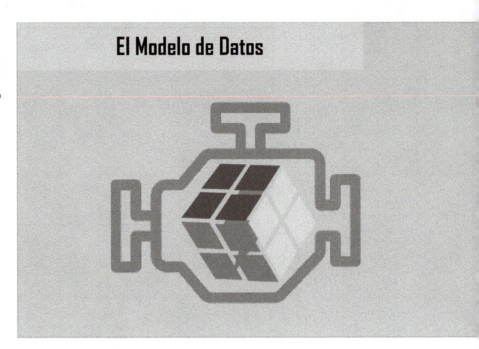

El Modelo de Datos

Introducción

El modelo de datos es la nueva forma de integrar datos desde múltiples tablas y fuentes, cargarlos a Excel, elaborar relaciones entre ellas dentro del archivo y construir reportes de tablas dinámicas, gráficos dinámicos y reportes de Power View para llevar acabo análisis.

Modelo de Datos Interno

El corazón de PowerPivot el cual permite crear relaciones entre múltiples tablas, está disponible sin necesidad de activar el complemento, a esta forma de utilizar PowerPivot se le denomina el modelo de datos el cual es el motor del complemento.

En esta sección utilizamos el modelo de datos en lugar del complemento completo de PowerPivot. En secciones posteriores hablaremos un poco más acerca de este.

Desventajas

Utilizar el modelo de datos tiene varias desventajas en comparación con la versión completa del complemento (*PowerPivot*). A continuación se mencionan algunos:

❖ A parte de las 12 funciones de resumen con el modelo de datos se puede acceder a una nueva función *contar distintos*, empero, el complemento completo cuenta con todo un leguaje para hacer análisis mediante expresiones.

❖ El modelo de datos NO puede utilizar la funcionalidad de agrupación en tablas dinámicas, es decir, si tenemos un campo de fecha donde se registraron día a día datos, no podemos agruparlos por meses, años, semestres, etc. Además esta limitación también la tiene PowerPivot, sin embargo, con DAX fórmulas se puede solventar, a pesar de que no es tan sencillo como la funcionalidad de agrupación.

❖ Como se explicó en el *Tip 07* podemos pulsar clic en una celda de la tabla dinámica y ver la tabla que construye estos datos. El modelo de datos puede hacerlo pero con un límite de 1000 filas.

❖ Con el modelo de datos no es posible utilizar ni campos ni elementos calculados.

A continuación, vamos a crear un ejemplo sencillo utilizando el modelo de datos, donde todas las tablas están en el mismo archivo de Excel y en la misma hoja, no obstante, se pueden utilizar otras fuentes como: Bases de datos en Access, Tablas de SQL Server, archivos de etc. Pero el ejemplo de esta sección capta la esencia.

Ejemplo: Modelo de Datos

Archivo de Excel

Descargue el Archivo de esta Sección en el siguiente Enlace:
Modelo de Datos.xlsx

• **Anexo C:** *Todos los Links del Libro Detallados*

En la hoja con nombre *Tablas* del archivo asociado a esta sección, se puede apreciar tres tablas. Véase la *Ilustración 5.5*.

Producto	Precio
Mouse Key Box	$50
Keyboard Supreme	$100
Mother Board A1	$200
Mother Board HKL	$400
Mother Board Nitrogen	$600
RAM Memory	$200
Hard Disk 500	$200
Hard Disk 1T	$400
Hard Disk 2T	$500
Hard Disk 3T	$650
Hard Disk External 500	$500
Hard Disk External 1T	$700
Grphical Inyterface	$1.000

Vendedor	Ciudad
Alejandra Niño	Bogotá
Andrés Bernal	Cali
Andrés Rojas	Cali
Camila Fernandez	Bogotá
Enrique Pinilla	Cali
Flor Florez	Medellín
Javier Heils	Medellín
Julian Perez	Bogotá
Karen Garavito	Medellín
Lilian SupWo	Bogotá
Mónica Sosas	Medellín
Natalia Ardila	Medellín
Rik Ramos	Bogotá
Susana Pedraza	Bogotá
Vannessa Car	Bogotá

Fecha	Vendedor	Producto	Descuento	Unidades
01/01/2010	Andrés Rojas	Hard Disk External 1T	32%	2
01/01/2010	Julian Perez	Hard Disk External 1T	73%	4
01/01/2010	Camila Fernandez	Hard Disk 500	16%	2
01/01/2010	Natalia Ardila	Mother Board Nitrogen	32%	4
01/01/2010	Mónica Sosas	Mother Board HKL	38%	4
01/01/2010	Enrique Pinilla	Hard Disk External 1T	97%	1
01/01/2010	Karen Garavito	Keyboard Supreme	51%	2
01/01/2010	Mónica Sosas	Mother Board HKL	31%	3
01/01/2010	Flor Florez	Mother Board A1	74%	3
01/01/2010	Natalia Ardila	Mother Board Nitrogen	97%	4
01/01/2010	Karen Garavito	Hard Disk 1T	38%	2
01/01/2010	Susana Pedraza	Hard Disk 1T	43%	1
01/01/2010	Julian Perez	Hard Disk External 1T	3%	2
01/01/2010	Susana Pedraza	Hard Disk External 1T	27%	2
01/01/2010	Alejandra Niño	Hard Disk External 500	45%	3

Ilustración 5. 5 - Tablas

Como se puede apreciar en la *Ilustración 5.5* existen 3 tablas y entre ellas se puede ver una relación estrecha, si apreciamos la tabla del extremos derechos es posible identificar que tiene un campo **Vendedor**, pero la ciudad del vendedor se encuentra en la tabla del centro, de la misma forma la tabla del extremo derecho tiene el campo **Producto** pero el precio se encuentra en la tabla del extremo izquierdo.

Tabla Unificada con BUSCARV

Ahora supongamos que deseamos crear un reporte donde podamos ver los productos, las ciudades, el precio y filtrar por vendedor. En general crear una tabla dinámica basada en las tres tablas. La solución que siempre se daba era relacionarlos mediante BUSCARV y crear una tabla unificada, como la que se puede apreciar en la *Ilustración 5.6*.

Fecha	Vendedor	Producto	Descuento	Unidades	Ingreso	Ciudad
01/01/2010	Andrés Rojas	Hard Disk External 1T	32%	2	$951,93	Cali
01/01/2010	Julian Perez	Hard Disk External 1T	73%	4	$752,23	Bogotá
01/01/2010	Camila Fernandez	Hard Disk 500	16%	2	$334,97	Bogotá
01/01/2010	Natalia Ardila	Mother Board Nitrogen	32%	4	$1.636,58	Medellín
01/01/2010	Mónica Sosas	Mother Board HKL	38%	4	$986,01	Medellín
01/01/2010	Enrique Pinilla	Hard Disk External 1T	97%	1	$24,22	Cali
01/01/2010	Karen Garavito	Keyboard Supreme	51%	2	$98,56	Medellín
01/01/2010	Mónica Sosas	Mother Board HKL	31%	3	$824,14	Medellín
01/01/2010	Flor Florez	Mother Board A1	74%	3	$155,45	Medellín
01/01/2010	Natalia Ardila	Mother Board Nitrogen	97%	4	$76,11	Medellín

Ilustración 5. 6 – Tabla Unificada

Pero en lugar de realizarlo con BUSCARV vamos a elaborar una tabla dinámica con el modelo de datos.

Paso 1:
Tablas
Estructuradas

Lo primero que se debe hacer es convertir los datos tabulares en tablas estructuradas de Excel, aunque esto no es estrictamente necesario ya que el modelo de datos puede manejarlo, es recomendable y casi que obligatorio convertir los datos en tablas y darles un nombre descriptivo a cada una de ellas.

Posicione la celda activa dentro de la primera tabla (*Izquierda a Derecha*) y selecciónela, la combinación de Teclas **Ctrl + *** realiza esta tarea, luego, pulse la combinación de teclas **Ctrl + T** y en el cuadro de diálogo que se despliega asegúrese que la opción: *La tabla tiene encabezados* se encuentre activada, pulsamos clic en *aceptar* para finalizar. Véase la *Ilustración 5.7*.

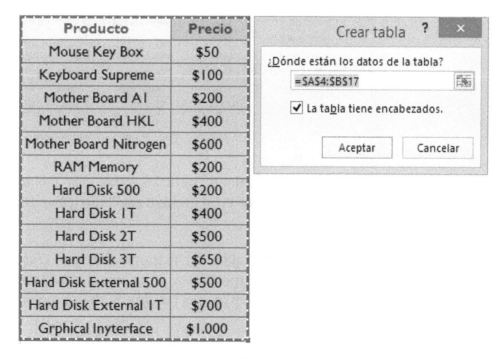

Ilustración 5. 7 – Crear Tabla

Nótese que ahora la tabla tiene flechas de selección y además tenemos una nueva pestaña llamada DISEÑO en la cinta de opciones, vamos a esta y en el grupo propiedades cambiamos el nombre por uno más descriptivo, puede ser Productos. Véase la *Ilustración 5.8*.

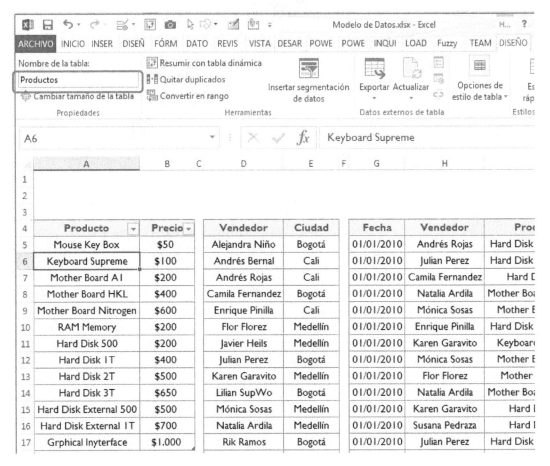

Ilustración 5. 8 – Cambiar el nombre de la tabla

Repita el procedimiento para las otras dos tablas, estas se nombraron Vendedores y Datos en el archivo asociado a este truco.

Paso 2:
Crear Tabla
Dinámica

Seleccionamos la tabla del extremo derecho (*Tabla Datos*), vamos a la pestaña *Insertar*, grupo *tablas* y pulsamos clic en el comando *Tabla Dinámica*, luego de esto se despliega el cuadro de diálogo *crear tabla dinámica*. Véase la *Ilustración 5.9*.

Agregar al
Modelo de
Datos

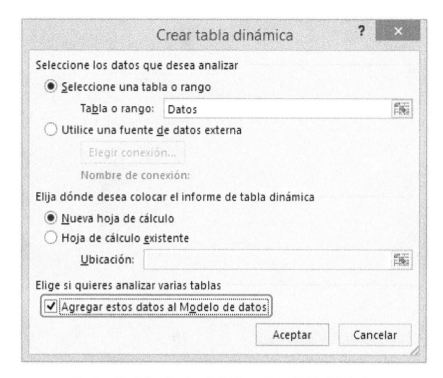

Ilustración 5. 9 – Cuadro de Diálogo Crear Tabla Dinámica

En el cuadro de diálogo active la casilla *Agregar estos datos al Modelo de datos* como se puede ver en *Ilustración 5.9* y clic en el botón *Aceptar*.

Nota:

En este paso no se debe utilizar Tablas Dinámicas recomendadas, dado que se va añadir al modelo de datos.

Ahora, disponemos de una nueva hoja donde podemos organizar el reporte de tabla dinámica, pero como ya lo añadimos al modelo de datos, podemos observar unas pequeñas diferencias en el panel de campos. Véase la *Ilustración 5.10*.

Panel de
Campos con
Modelo de
Datos

Ilustración 5. 10 – Panel de Campos, Modelo de Datos

Allí se pude ver el icono de la tabla y su nombre, además de dos pestañas nuevas: ACTIVO y TODOS. Ahora no dirigimos a la pestaña TODOS del panel de campos y allí podremos ver todas las tablas que creamos anteriormente. Véase la *Ilustración 5.11.*

Nota:

Nótese como en el panel de campos se pueden ver todas las tablas estructuradas de Excel con su nombre, además si se agregó un conjunto de datos al modelo de datos, este también se puede ver.

Ilustración 5. 11 – Panel de Campos, Pestaña Todos

Expandimos las dos primeras tablas mediante el icono en forma de triángulo que se encuentra en el extremo derecho del icono de la tabla, ahora podemos ver los campos de cada tabla, por lo que podríamos llevar el campo *Unidades* de la tabla **Datos** al área de valores y el campo **Ciudad** de la tabla Vendedores al área de filas. Véase la *Ilustración 5.12.*

Etiquetas de fila ▾	Suma de Unidades
Bogotá	16397
Cali	16397
Medellín	16397
Total general	**16397**

Ilustración 5. 12 – Tabla Dinámica, sin relación

Nótese como los valores en la tabla dinámica son iguales, esta es la manera de Excel de decirnos que no existe relación entre las tablas, además, podemos ver como en la parte superior de panel de campos aparece un mensaje amarillo indicando la inexistencia de la relación. Véase la *Ilustración 5.13.*

Cuadro de Advertencia, No existen relaciones en las tablas

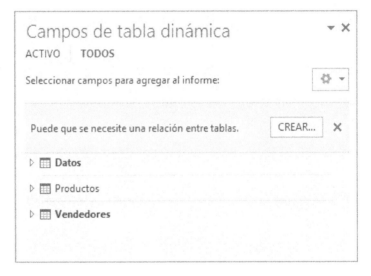

Ilustración 5. 13 – Advertencia para Crear Relaciones

Pulsamos clic en el botó CREAR del mensaje para que se despliegue el cuadro de diálogo *Crear Relación*. Véase la *Ilustración 5.14.*

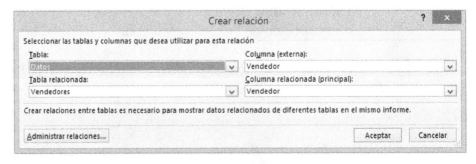

Ilustración 5. 14 – Cuadro de diálogo Crear Relación

Entender Relación

¿De qué forma están relacionadas las tablas? En la *Ilustración 5.7* Podemos observar la tabla *Vendedores,* la cual es una lista de todos los vendedores en la compañía con su respectiva Ciudad, el campo *Vendedor* no repite ningún elemento por lo que sirve como una "lista", por ello también funciona como identificación única para cada fila de esta tabla, a este campo lo denominamos principal.

❖ Principal: Campo **Vendedor** de la tabla *Vendedores*

En la tabla *Datos* podemos ver que también existe un campo **vendedor** pero los elementos se repiten dado que un Vendedor pudo realizar ventas en distintas fechas, no obstante, estos vendedores deben existir en el campo Vendedor de la tabla **Vendedores,** como dicho campo tiene tal restricción en la cual solo deben existir elementos del campo primario a este se le denomina externo.

❖ Principal: Campo **Vendedor** de la tabla *Datos*

Paso 3: Crear Relación

Lo anterior lo utilizamos para especificar la relación en el cuadro de diálogo Crear Relación, allí se puede seleccionar la tabla y a su vez indicar que campo corresponde al primario y que campo corresponde al externo. Véase la *Ilustración 5.14.* Una vez especificada la relación pulsamos clic en el botón *Aceptar* e inmediatamente vemos la tabla dinámica cambia sus valores. Véase la *Ilustración 5.15.*

Etiquetas de fila ▼	Suma de Unidades
Bogotá	7583
Cali	3322
Medellín	5492
Total general	**16397**

Ilustración 5. 15 – Tabla Dinámica con Relación

Otra forma de Añadir al Modelo de Datos

Una forma alterna de añadir al Modelo de datos una tabla es inmediatamente después de crear y darle nombre a las tablas ir a la pestaña *Datos*, grupo *Conexiones* y pulsar clic en el botón *Conexiones*. Véase la *Ilustración 5.16*.

Ilustración 5. 16 - Conexiones

Con lo anterior se despliega el cuadro de diálogo *Conexiones del Libro* y allí podemos seleccionar *ThisWorkbookDataModel* y en el botón *Agregar* de la parte derecha desplegamos las opciones y seleccionamos agregar al modelo de datos. Excel instantáneamente muestra el cuadro de diálogo con las conexiones existentes en el libro, donde podremos encontrar las tablas en la pestaña Tabla. Véase la *Ilustración 5.17*. Seleccionamos la tabla y clic en Abrir.

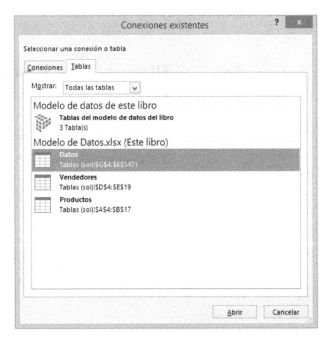

Ilustración 5. 17 – Conexiones Existentes

Ahora, creamos la tabla dinámica de forma normal, pestaña insertar, tabla dinámica, en el cuadro de diálogo *crear tabla dinámica* seleccionamos *Utilice fuentes de datos externos* y clic en el botón Elegir conexión. Véase la *Ilustración 5.18*.

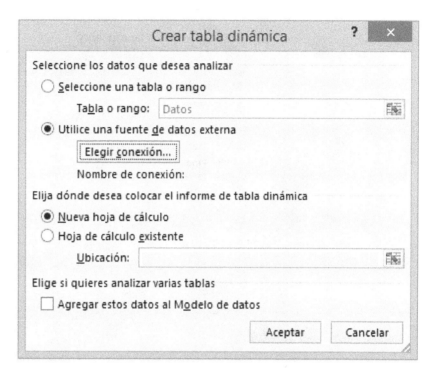

Ilustración 5. 18 – Elegir Conexión

Después, aparece el cuadro de diálogo Conexiones existentes, vamos a la pestaña Tablas y escogemos Tablas del Modelo de datos del libro, clic en Aceptar y Excel de forma inmediata crea una nueva hoja para crear una tabla dinámica. Ahora se especifican las relaciones como se explicó anteriormente. Véase la *Ilustración 5.19*.

Nota:

De esta forma se agregan todas las tablas al Modelo de datos en Excel.

Ilustración 5. 19 – Seleccionar Tablas

Técnicas Modelo de Datos

Técnicas – Modelo de Datos

Introducción

Realizar una tabla dinámica utilizando el modelo de objetos en vez de BUSCARV, tiene una serie de ventajas que veremos en esta sección, y que elabóralos de otra forma serie de gran dificultad.

Ejemplo: Técnicas Modelo de Datos

Archivo de Excel

Descargue el Archivo de esta Sección en el siguiente Enlace:
Técnicas Modelo de Datoss.xlsm

• **Anexo C:** *Todos los Links del Libro Detallados*

Herramienta Quick Explorer

Cuando creamos una tabla dinámica con el Modelo de datos contamos con un nuevo icono que parece cada vez que seleccionamos un elemento en el área de valores, este icono se llama Quick Explorer y sirven para darnos una idea de cómo cambiar el reporte de varias formas. Véase la *Ilustración 5.20.*

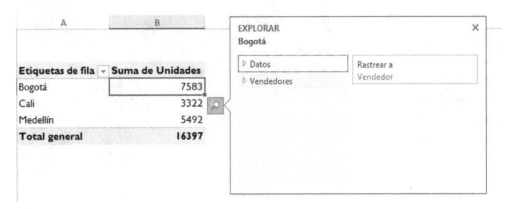

Ilustración 5. 20 – Quick Explorer

Recuento Distinto

Cuando creamos una tabla dinámica con el Modelo de datos contamos con una nueva función de resumen llamada Recuento distinto y como su nombre lo indica nos permite contar todos los valore únicos dado los criterios o elementos que parecen en cada área de colocación. Para entender esta funcionalidad cree una tabla dinámica de la siguiente forma:

❖ Área De Filas: Campo **Ciudad** de la Tabla *Vendedores*
❖ Área De Filas: Campo **Vendedor** de la Tabla *Datos*
❖ Área De Valores: Campo **Unidades** de la Tabla *Datos*
❖ Añadir un Slicer: Campo **Producto** de la Tabla *Productos*

También se debe crear la relación entre la tabla Datos y la Tabla Productos, así:

❖ Principal: Campo **Producto** de la tabla *Productos*
❖ Externa: Campo Producto de la tabla *Datos*

El reporte debe lucir como el mostrado en la *Ilustración 5.21.*

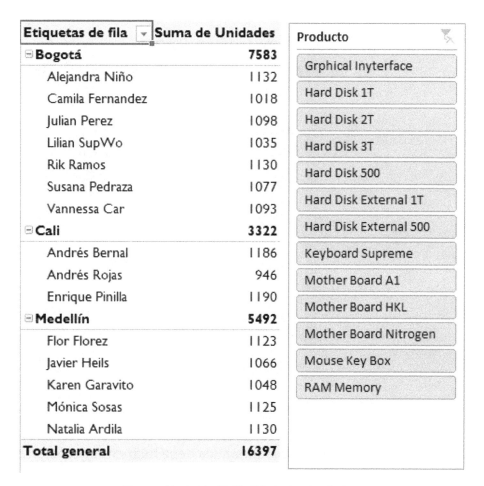

Ilustración 5. 21 – Tabla Dinámica, 3 relaciones

La idea es poder conocer los valores únicos por cada criterio, por ejemplo si filtramos por Mother Board A1, poder ver cuanta de las unidades vendidas por cada ciudad y vendedor fueron números únicos, para hacer esto simplemente   cambie la función de resumen predeterminada por Recuento Distinto. Clic derecho sobre de la tabla dinámica, en el menú contextual seleccionamos configuración de campo de valor, con estos se despliega el cuadro de diálogo *Configuración de campo de valor,* allí en la parte resumir *campo de valor por* localizamos *Recuento distinto* y aceptar. Véase la *Ilustración 5.22.*

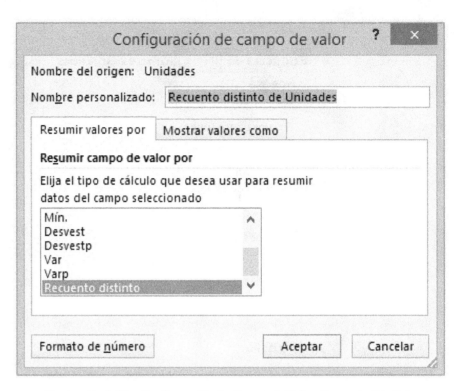

Ilustración 5. 22 – Configuración de Campo de Valor, Recuento Distinto

Ahora, la tabla dinámica debe lucir como la mostrada en la *Ilustración 5.23.*

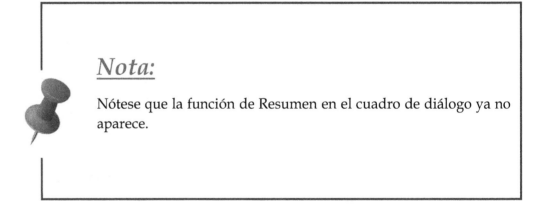

Nota:

Nótese que la función de Resumen en el cuadro de diálogo ya no aparece.

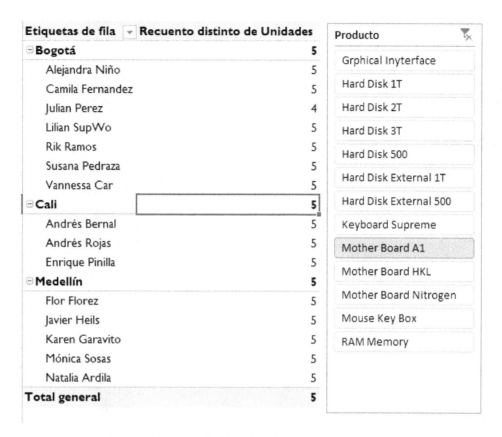

Ilustración 5. 23 – Tabla Dinámica con Recuento Distinto

PowerPivot Carga de Datos

PowerPivot Carga de Datos

Introducción

PowerPivot puede cargar datos de múltiples fuentes y no solamente de Excel, además, no está limitado por 1,014,576 filas sino que ahora se pueden tener tablas con millones de registros.

Archivo: PowerPivot Carga de Datos

Archivo de Excel

Descargue el Archivo de esta Sección en el siguiente Enlace:
Power Pivot Carga de Datos.xlsx

• **Anexo C:** *Todos los Links del Libro Detallados*

Fuentes de Datos

Algunas de las fuentes desde las cuales se pueden cargar datos a PowerPivot se listan a continuación:

❖ Tablas de Excel.

❖ Archivos de Texto:

  ✓ CSV.
  ✓ ODT.
  ✓ Delimitado por tabulación, etc.

❖ Desde Gestores de Bases de Datos:

  ✓ SQL Server.
  ✓ Access.
  ✓ MySql.
  ✓ Oracle, etc.

❖ Desde Listas de Share Point.

❖ Desde SQL Database for Windows Azure.

❖ Desde el Portapapeles, esto implica que se puede copiar y pegar:

  ✓ Microsoft Word.
  ✓ PDF, etc.

Nota:

Al final de la primera sección del presente capítulo se explica cómo activar la pestaña PowerPivot y como acceder a su Interfaz gráfica de usuario.

Tablas de Excel

Podemos vincular una tabla de Excel a PowerPivot fácilmente utilizando el comando Agregar al Modelo de Datos del grupo Tablas en la pestaña PowerPivot. Véase la *Ilustración 5.24*.

Ilustración 5. 24 – Agregar al Modelo de Datos

Estas es la forma más rápida de cargar Tablas desde Excel a PowerPivot, además si se edita una celda en Excel, se añade una columna o fila, PowerPivot lo actualiza.

Archivos de Texto

Podemos cargar una tabla desde un archivo de texto a PowerPivot, con el gran beneficio que se puede manipular una cantidad ilimitada de datos, siendo a su vez la forma más rápida de cargar cantidades masivas de datos. Para cargar una tabla desde esta fuente se debe ir a la *interfaz de PowerPivot*, allí nos ubicamos en la pestaña *inicio*, buscamos el grupo *Obtener datos externos* y pulsamos clic encima del comando *De otros orígenes*, con esto se despliega el cuadro de diálogo *asistente para la importación de datos* que se muestra en la *Ilustración 5.25*. En el cuadro de diálogo nos desplazamos con el Scroll para localizar en la parte final la opción *Archivo de texto*, lo seleccionamos y pulsamos clic en el botón *Siguiente*. Véase la *Ilustración 5.25*.

323 • Tablas Dinámicas Trucos | Introducción a PowerPivot

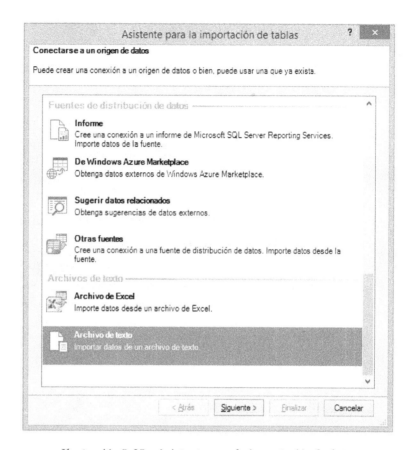

Ilustración 5. 25 – Asistente para la importación de datos

Con lo anterior nos dirigimos a una segunda parte del cuadro de diálogo donde se ubica el archivo de texto y se carga a PowerPivot.

Gestores de Bases de Datos

Importar datos desde un gestor de bases de datos proporcionando como beneficio poder manipular cantidades ilimitadas de datos. Para importar desde SQL Server o Access lo podemos hacer directamente desde el comando *De base de datos* en el grupo *Obtener datos externos*, si el gestor de bases de datos es diferente podemos hacer uso del comando *De otros orígenes* y localizar el gestor que se ajuste a nuestra necesidad.

Listas de SharePoint

Especialmente útiles si son bases de datos editados y mantenidos por un grupo de personas.

Desde el Portapapeles

Podemos copiar una tabla con formato tabular desde cualquier lugar, por ejemplo desde Word e ir a la interfaz de PowerPivot y pegarla utilizando el comando Pegar que se encuentra en el grupo Portapapeles de la pestaña inicio. Este método tiene como ventaja ser bastante rápido, pero llevar actualizaciones son prácticamente nulas las posibilidades.

Power Pivot

Power Pivot una Introducción Corta

Introducción

En esta sección vamos a tomar 3 tablas de múltiples fuentes, cargarlas a PowerPivot, vincularas y posteriormente crear un reporte de tabla dinámica.

Archivo: PowerPivot

Archivo Zip

Descargue los Archivos de esta Sección en el siguiente Enlace:

Power Pivot.zip

Contiene un archivo de texto, un xlsm y accdb.

• **Anexo C:** *Todos los Links del Libro Detallados*

Descomprimimos y abrimos el archivo de Excel con nombre Datos.

Cargar Tabla De Excel

Primero posicionamos la celda activa dentro de la tabla y la agregamos a PowerPivot como se describió en la sección anterior (*PowerPivot -> Tablas -> Agregar al modelo de datos*). Con esto tenemos la tabla en PowerPivot. Véase la *Ilustración 5.26*.

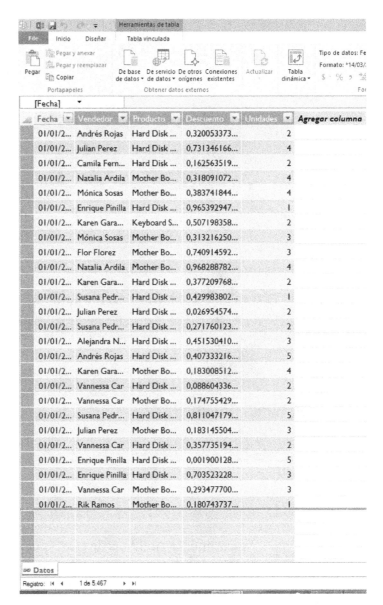

Ilustración 5. 26- Tabla de Datos en PowerPivot

Cargar Tabla en Archivo de Texto

Vamos al pestaña *Inicio* en la interfaz de *PowerPivot*, grupo *Obtener datos externos* y pulsamos clic en otros orígenes, localizamos la opción archivo de texto y clic en siguiente, con esto nos aparece el cuadro de diálogo *Asistente para la importación de tablas,* buscamos el archivo productos que está en el Zip asociado a este truco y clic en finalizar. Véase la *Ilustración 5.27*

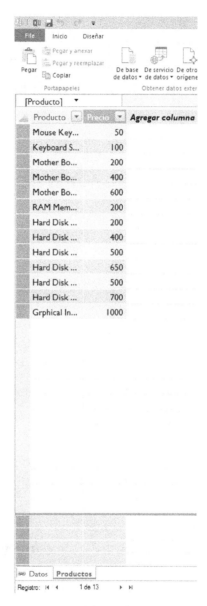

Ilustración 5. 27 – Tabla Productos en PowerPivot

Cargar Tabla en Archivo de Access

Vamos al pestaña *Inicio* en la interfaz de *PowerPivot*, grupo *Obtener datos externos* y desplegamos las opciones del comando de bases de datos, allí pulsamos clic en Access, con esto nos parece el cuadro de diálogo que se muestra en la *Ilustración 5.28.*

Ilustración 5. 28 – Importar Tabla en Access

Localizamos la base de datos y clic en siguiente, luego nos aparece otra parte del cuadro de diálogo, en ella pulsamos clic en siguiente, a continuación nos aparecerán todas la tablas que contiene la base de datos, para este caso solo existe una con nombre vendedores como se muestra en la *Ilustración 5.29*. Finalmente clic en el botón *siguiente* y *Cerrar*.

Ilustración 5. 29 – Tabla Vendedores

Nota:

Nótese como cada una de las tablas tiene su propia hoja, esto siempre es así, una hoja para cada tabla en PowerPivot.

**Cargar
Relaciones**

Como vimos en la sección dos de este capítulo, las tablas se deben relacionar mediante un campo principal y campo externo. Véase la sección 2 para mayor detalle.

Las relaciones se pueden crear de la misma forma que en la sección de modelo de datos, con la ventaja que lo podemos hacer previo la creación de la tabla dinámica, para ello vamos a la pestaña Diseñar en la interfaz de *PowerPivot* y en el grupo *Relaciones* pulsamos clic en *crear relaciones*, con esto se nos despliega el cuadro de diálogo mostrado en la *Ilustración 5.30*.

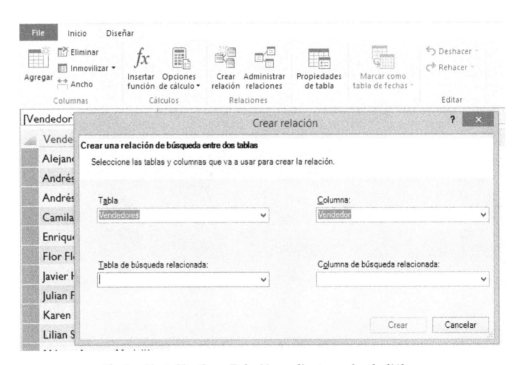

Ilustración 5. 30 – Crear Relación mediante cuadro de diálogo

**Vista de
Diagrama**

En Power   Pivot también podemos utilizar una ayuda visual para crear relaciones, para ello vamos a la pestaña *Inicio*, grupo *ver* y pulsamos clic en el comando *Vista de diagrama*, con esto obtenemos cada una de las tablas con una pequeña representación visual. Véase la *Ilustración 5.31*.

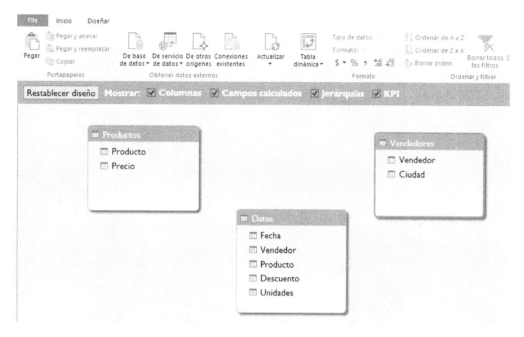

Ilustración 5. 31 – Vista de Diagrama

En la vista de diagrama podemos hacer las relaciones de forma sencilla, simplemente nos posicionamos en el campo principal pulsamos clic y manteniéndolo pulsado arrastramos hasta el campo externo. Véase la *Ilustración 5.32*.

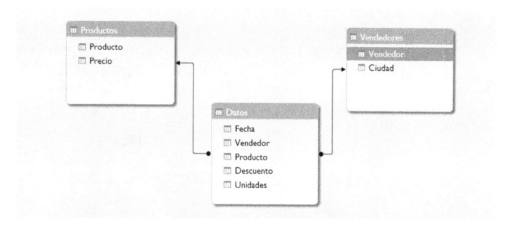

Ilustración 5. 32 – Vista de Diagrama, Relaciones

Crear Tabla Dinámica desde PowerPivot

Ahora podemos crear la tabla dinámica en la pestaña *inicio* de la interfaz de *PowerPivot* mediante el comando tabla dinámica. Véase la *Ilustración 5.33*.

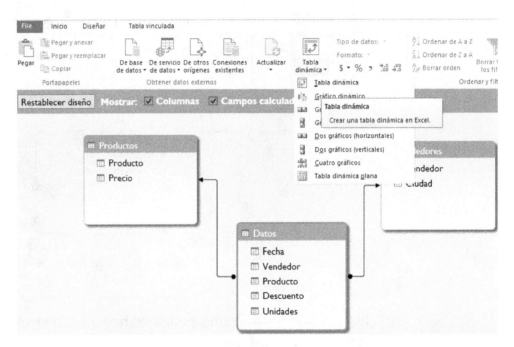

Ilustración 5. 33 – Comando Tabla Dinámica en PowerPivot

Cando pulsamos clic en el comando tabla dinámica, aparece un cuadro de dialogo preguntado si se quiere crear una nueva hoja de cálculo o en una ya existente, para este ejemplo dejamos la opción una nueva hoja de cálculo y clic en botón aceptar. Véase la *Ilustración 5.34*.

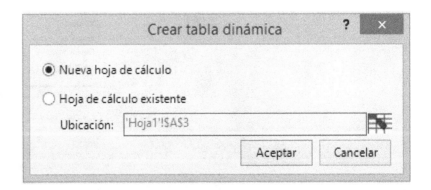

Ilustración 5. 34 – Cuadro de diálogo crear tabla dinámica

Ahora podemos crear un reporte de tabla dinámica como el presentado en la *Ilustración 5.35*.

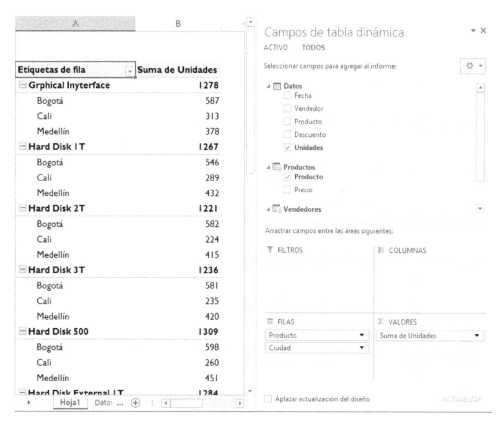

Ilustración 5. 35 – Tabla Dinámica

Nota:

PowerPivot es objeto de estudio para un libro completo, aquí solo se presenta una pequeñísima idea de este complemento.

Anexos

Anexo A: Tipografías Digitales Simbólicas

No.	Cáracter	Webdings	Wingdings	Wingdings2	Wingdings3	Symbol	Marlett	MS Reference Sans Serif
33	!	🕷	✎	✎	←	!	⬜	!
34	"	🕸	✂	✎	→	∀	⬜	"
35	#	®	✃	✎	↑	#	⬜	#
36	$	••	✿	✎	↓	∃	⬜	$
37	%	🏆	✎	✂	↖	%	⬜	%
38	&	🎖	📖	✂	↗	&	⬜	&
39	'	∮	🕯	☎	↙	∋	⬜	'
40	(	🗨	☎	)	↘	(	⬜	(
41	)	🗩	☎	📄	⇤	)	⬜	)
42	*	✹	✉	☐	→|	*	⬜	*
43	+	✺	📧	🗐	↑̄	+	⬜	+
44	,	✏	📬	📄	↓	,	⬜	,
45	-	🎗	📫	📃	↖	−	⬜	-
46	.	▪	📭	🗐	↘	.	⬜	.
47	/	▰	📪	📄	↕	/	⬜	/
48	0	_	📁	☐	↕	0	−	0
49	1	▢	📂	🗐	↔	1	▢	1
50	2	⊟	📄	📄	↕	2	⊟	2
51	3	◀	📑	🗑	⇠	3	◀	3
52	4	▶	📰	☐	⇢	4	▶	4
53	5	▲	🗐	☐	↑	5	▲	5
54	6	▼	⌛	🖥	↓	6	▼	6
55	7	◀◀	⌨	🖨	↯	7	⊻	7
56	8	▶▶	🖱	⊙	↵	8	▶	8
57	9	◀◀◀	🖱	📷	↳	9	▾	9
58	:	▶▶▶	💻	🖳	↰	:	⬜	:
59	;	‖	⌨	🖳	↱	;	⬜	;
60	<	■	💾	👍	↳	<	⬜	<

No.	Cáracter	Webdings	Wingdings	Wingdings2	Wingdings3	Symbol	Marlett	MS Reference Sans Serif
61	=	●	⊞	☝	↱	=	⬚	=
62	>	aA	⊛	☜	↰	>	⬚	>
63	?	☘	✎	☞	↳	?	⬚	?
64	@	⚒	✏	☛	↵	≅	⬚	@
65	A	⛪	✌	☞	↳	A	⬚	A
66	B	🏭	✍	☜	↴	B	⬚	B
67	C	🏰	☝	☞	↴	X	⬚	C
68	D	🏯	👍	☛	⇄	Δ	⬚	D
69	E	🏭	👆	☜	↕	E	⬚	E
70	F	🏭	☝	👆	↹	Φ	⬚	F
71	G	🏛	👆	👆	↨	Γ	⬚	G
72	H	🏠	👆	👆	⇇	H	⬚	H
73	I	🏬	✋	👆	⇉	I	⬚	I
74	J	⛵	☺	👇	⇈	ϑ	⬚	J
75	K	🏔	☺	👇	⇊	K	⬚	K
76	L	⚲	☹	👆	↺	Λ	⬚	L
77	M	🏖	💣	👆	↻	M	⬚	M
78	N	👁	☠	✋	↪	N	⬚	N
79	O	☞	⚑	✗	↩	O	⬚	O
80	P	⛰	⚐	✓	↻	Π	⬚	P
81	Q	⛰	✈	☒	↻	Θ	⬚	Q
82	R	🏛	☼	☑	↺	P	⬚	R
83	S	🏯	💧	☒	⤬	Σ	⬚	S
84	T	🏛	❄	☒	∧	T	⬚	T
85	U	📢	✝	⊗	⌐	Y	⬚	U
86	V	📣	✝	⊗	⎵	ς	⬚	V
87	W	🚩	✚	⊘	⎵	Ω	⊞	W
88	X	◀	✠	⊘	⇧	Ξ	⬚	X
89	Y	♥	✡	er	⇧	Ψ	⬚	Y
90	Z	⚜	☪	&	⇐	Z	⬚	Z
91	[	🐟	☯	&	⇒	[	⬚	[
92	\	🥊	ॐ	&	⇐	∴	⬚	\
93	]	🐟	☸	?	⇒	]	⬚	]
94	^	🐟	♈	?	⇐	⊥	⬚	^
95	_	🐟	♉	?	⇒	_	⬚	_

No.	Cáracter	Webdings	Wingdings	Wingdings2	Wingdings3	Symbol	Marlett	MS Reference Sans Serif
96	`	⊡	Ⅱ	?	⇐	‾	▯	`
97	a	✔	♋	♋	⇨	α	✔	a
98	b	🚲	♌	♌	⇦	β	✔	b
99	c	□	♍	♍	⇨	χ	⌐	c
100	d	♥	♎	♋	⇦	δ	⌐	d
101	e	🎁	♏	≈	⇨	ε	⌐	e
102	f	🚌	♐	≈	←	φ	⌐	f
103	g	■	♑	≈	→	γ	■	g
104	h	🚐	♒	≈	↑	η	•	h
105	i	①	♓	⓪	↓	ι	•	i
106	j	✈	ℰ	①	↖	φ	⌒	j
107	k	✹	&	②	↗	κ	⌒	k
108	l	✦	●	③	↙	λ	⌒	l
109	m	!	○	④	↘	μ	⌒	m
110	n	●	■	⑤	↔	ν	●	n
111	o	⚓	□	⑥	↕	ο	⫽	o
112	p	🚗	□	⑦	▲	π	⫽	p
113	q	⟨⟩	▫	⑧	▼	θ	⁻	q
114	r	✗	◻	⑨	△	ρ	✗	r
115	s	?	◆	⑩	▽	σ	?	s
116	t	🏭	◆	❶	◀	τ	▲	t
117	u	🚇	◆	❷	▶	υ	▼	u
118	v	🚌	❖	❷	◁	ϖ	⬍	v
119	w	⚐	◆	❸	▷	ω	◀	w
120	x	⊘	⊠	❹	◣	ξ	⟍	x
121	y	⊖	⊡	❺	◢	ψ	⟍	y
122	z	⊗	⌘	❻	◥	ζ	▯	z
123	{	✹	✿	❼	◤	{	▯	{
124	|	|	❀	❽	◂	|	▯	|
125	}	✺	"	❾	▸	}	▯	}
126	~	⚡	"	❿	▲	~	▯	~
127	•	▯	▯	▯	▯	▯	▯	•
128	€	🧍	⓪	⊙	▼	▯	▯	€
129		🧍	①	○	▲	▯	▯	
130	,	🧍	②	☽	▼	▯	▯	,

No.	Cáracter	Webdings	Wingdings	Wingdings2	Wingdings3	Symbol	Marlett	MS Reference Sans Serif
131	ƒ		③	☾	◄	□	□	ƒ
132	„		④	₵	►	□	□	″
133	…		⑤	†	◄	□	□	…
134	†		⑥	†	►	□	□	†
135	‡		⑦		▲	□	□	‡
136	ˆ		⑧		▼	□	□	ˆ
137	‰		⑨		←	□	□	‰
138	Š		⑩		→	□	□	Š
139	‹		⓿		↑	□	□	‹
140	Œ		❶		↓	□	□	Œ
141			❷		←	□		
142	Ž		❸		→	□	□	Ž
143			❹		↑	□	□	
144			❺		↓	□	□	
145	'		❻		←	□	□	`
146	'		❼		→	□	□	'
147	"		❽		↑	□	□	"
148	"		❾		↓	□	□	"
149	•		❿		◄	□	□	•
150	–		ℭ		►	□	□	–
151	—		ℭ		▲	□	□	—
152	˜		ℭ		▼	□	□	˜
153	™		ℭ	○	←	□	□	™
154	š			○	→	□	□	š
155	›			●	↑	□	□	›
156	œ			●	↓	□	□	œ
157				⊙	←	□	□	
158	ž		·	◉	→	□	□	ž
159	Ÿ		•	·	↑	□	□	Ÿ
160			·	■	↓	□	□	
161	¡		○	■	←	ϒ		¡
162	¢		○	■	→	′		¢
163	£		●	□	↑	≤		£
164	¤		⊙	■	↓	⁄	□	¤
165	¥		◎	■	←	∞	□	¥

No.	Cáracter	Webdings	Wingdings	Wingdings2	Wingdings3	Symbol	Marlett	MS Reference Sans Serif
131	ƒ	✉	③	☾	◀	□	☐	ƒ
166	¦	1	○	■	→	ƒ	☐	¦
167	§	📖	▪	⊡	←	♣	☐	§
168	¨	📚	□	▣	→	♦	☐	¨
169	©	🔫	▲	◼	←	♥	☐	©
170	ª	📠	✦	▣	→	♠	☐	ª
171	«	🖨	★	·	←	↔	☐	«
172	¬	🎞	✳	·	▪	←	☐	¬
173	-	🎬	✴	◆	▪	↑	☐	-
174	®	🎞	❋	◆	·	→	☐	®
175	‾	♪	❉	◇	·	↓	☐	‾
176	°	🏛	⊕	◈	➡	°	☐	°
177	±	✎	⊕	◈	⬅	±	☐	±
178	²	🎧	✧	◈	➡	″	☐	²
179	³	💿	⌗	◈	◀	≥	☐	³
180	´	📇	◇	·	▶	×	☐	´
181	µ	🎁	✪	·	◆	∝	☐	µ
182	¶	🖊	☆	·	◆	∂	☐	¶
183	·	🎬	◷	◆	▲	•	☐	·
184	¸	📽	◷	◇	▼	÷	☐	¸
185	¹	📹	◷	◈	⬅	≠	☐	¹
186	º	📻	◷	◖	➡	≡	☐	º
187	»	📻	◷	◗	⬆	≈	☐	»
188	¼	✝	◷	◠	⬇	…	☐	¼
189	½	🚦	◷	◡	◀			☐	½
190	¾	▭	◷	■	▶	—	☐	¾
191	¿	🖥	◷	◆	◀	↵	☐	¿
192	À	🖥	◷	⬤	▶	ℵ	☐	À
193	Á	🖱	◷	⬟	◀	ℑ	☐	Á
194	Â	🖧	◷	⬟	▶	ℜ	☐	Â
195	Ã	🕹	⤴	⬤	◀	℘	☐	Ã
196	Ä	🎮	⤵	⬤	▶	⊗	☐	Ä
197	Å	(	⤷	⬣	◀	⊕	☐	Å
198	Æ	☏	⤳	+	▶	∅	☐	Æ
199	Ç	☎	⤶	+	⬆	∩	☐	Ç
200	È	📱	⤴	+	⬇	∪	☐	È

No.	Cáracter	Webdings	Wingdings	Wingdings2	Wingdings3	Symbol	Marlett	MS Reference Sans Serif
201	É	🖭	☞	✚	↵	⊃	□	É
202	Ê	🖬	☟	✚	→	⊇	□	Ê
203	Ë	🖹	✄	✚	←	⊄	□	Ë
204	Ì	🗀	✖	✚	→	⊂	□	Ì
205	Í	🗐	✗	×	↰	⊆	□	Í
206	Î	🎥	✘	×	↱	∈	□	Î
207	Ï	🔒	✙	×	↲	∉	□	Ï
208	Đ	🔓	✚	×	↳	∠	□	Đ
209	Ñ	🗝	✛	✕	←	∇	□	Ñ
210	Ò	⚓	✜	✖	→	®	□	Ò
211	Ó	⚓	✝	✖	↑	©	□	Ó
212	Ô	⬬	✞	★	↓	™	□	Ô
213	Õ	○	⊠	★	↖	∏	□	Õ
214	Ö	⚲	⊠	★	↗	√	□	Ö
215	×	⬟	◁	★	↙	·	□	×
216	Ø	🌤	▷	✱	↘	¬	□	Ø
217	Ù	⬮	▲	✳	←	∧	□	Ù
218	Ú	🌦	▽	✴	→	∨	□	Ú
219	Û	🌧	☾	✲	↑	⇔	□	Û
220	Ü	☂	☽	✳	↓	⇐	□	Ü
221	Ý	🦅	☊	✹	↖	⇑	□	Ý
222	Þ	🐟	☋	✶	↗	⇒	□	Þ
223	ß	🐚	←	✺	↙	⇓	□	ß
224	à	☾	→	✳	↘	◊	□	à
225	á	🌡	↑	✴	←	⟨	□	á
226	â	🛏	↓	✶	→	®	□	â
227	ã	🛋	↖	✺	↑	©	□	ã
228	ä	🍽	↗	✷	↓	™	□	ä
229	å	🍸	↙	⊥	↖	Σ	□	å
230	æ	🚨	↘	▲	↗	⎛	□	æ
231	ç	🎦	←	✛	↙	|	□	ç
232	è	℗	→	✦	↘	⎝	□	è
233	é	♿	↑	★	‹	⌈	□	é
234	ê	△	↓	★	›	|	□	ê
235	ë	⚘	↖	✳	▴	⌊	□	ë

No.	Cáracter	Webdings	Wingdings	Wingdings2	Wingdings3	Symbol	Marlett	MS Reference Sans Serif
201	É	📞	☞	✚	↵	⊃	☐	É
202	Ê	🖥	⤳	✚	→	⊇	☐	Ê
203	Ë	▯	❁	✚	←	⊄	☐	Ë
236	ì	🐗	↗	✶	▾	⌈	☐	ì
237	í	⑊	↙	✳	◄	⎨	☐	í
238	î	⑊	↘	✸	▷	⌊	☐	î
239	ï	≳	⇐	✳	▲	⎮	☐	ï
240	ð	≲	⇒	✴	▼	☐	☐	ð
241	ñ	✈	⇑	⚒	☐	⟩	☐	ñ
242	ò	🐇	⇓	✦	☐	∫	☐	ò
243	ó	🪶	⇔	✫	☐	⌠	☐	ó
244	ô	🐟	⇕	❆	☐	⎮	☐	ô
245	õ	🐈	⬉	❀	☐	⌡	☐	õ
246	ö	🐀	⬈	✦	☐	⎞	☐	ö
247	÷	⚔	⬏	✖	☐	⎮	☐	÷
248	ø	⚰	⬊	※	☐	⎠	☐	ø
249	ù	⚱	▫	⁂	☐	⎤	☐	ù
250	ú	⚰	▫	☐	☐	⎮	☐	ú
251	û	🌍	✗	☐	☐	⎦	☐	û
252	ü	🌐	✓	☐	☐	⎞	☐	ü
253	ý	🌎	☒	☐	☐	⎬	☐	ý
254	þ	🌏	☑	☐	☐	⌡	☐	þ
255	ÿ	🕊	⊞	☐	☐	☐	☐	ÿ

Anexo B: Formato Personalizado

Introducción

Aparte de realizar cálculos con las celdas de Excel, a estas también podemos proporcionarle una presentación que se ajuste a los valore mostrados que se denomina *formato número*, por ejemplo, si el valor de una celda es 200 dólares, podemos mostrar el valor como: $ 200, o por ejemplo si es un valor porcentual se puede mostrar un valor como: 45%. Microsoft Excel cuenta con 10 formatos de número preestablecidos, estos son:

1. Número
2. Moneda
3. Fecha Corta
4. Fecha Larga
5. Hora Porcentaje
6. Fracción
7. Científica
8. Texto
9. Especial

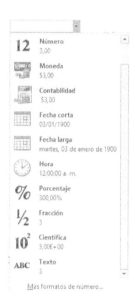

No obstante, no tenemos porque limitarnos a los formatos de números preestablecidos y no encontrarnos condicionados a utilizar únicamente los propuestos por Excel.

Formato Personalizado

El **Formato Personalizado** para las celdas de Excel permite darle una apariencia en específico a estas dependiendo del valor que se muestre. El formato personalizado se indica mediante un código de tipo texto que puede contener con hasta cuatro partes.

Para asignar un formato personalizado a un rango de celdas, este se debe seleccionar y luego hacer clic derecho encima de la selección, allí se desplegara un menú contextual, pulsamos clic en Formato de Celda, nos aseguramos de estar ubicados en la pestaña número y en la sección Personalizada. También se puede utilizar la combinación de teclas **Ctrl + 1.**

Estructura

El código de formato personalizado cuenta con 4 partes que se separan por punto y coma (;), así:

Positivo; Negativo; Cero; Texto

Indicando el formato que se quiere para cada parte y en el orden que se presento anteriormente, esto se hace mediante una notación definida y estándar.

Color

Se puede indicar el color que se quiere para el contenido de la celda mediante 8 palabras estándar:

1. Aguamarina
2. Amarillo
3. Azul
4. Blanco
5. Magenta
6. Negro
7. Rojo
8. Verde

Ejemplo Nombre Estándar:

Si aplicamos el siguiente código de formato personalizado:

[Azul]General;[Rojo]General;[Negro]General;[Verde]General

Obtenemos:

	A	B	C	D
1	3	0	2	Quinta
2	Domesión	7	7	7
3	0	Tablas	0	9
4	6	1	Dinámicas	8

La palabra *General* en el código significa darle un trato normal al valor de la celda, es decir no aplicar formato porcentaje, moneda o cualquier otro sino mostrarlo de manera normal.

Ejemplo Paleta de Colores:

Aunque no tenemos por qué limitaros a estas 8 opciones, también contamos con una paleta de 56 colores

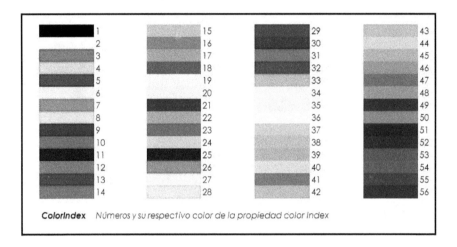

ColorIndex   *Números y su respectivo color de la propiedad color Index*

Pero en lugar de indicar el nombre del color señalamos la palabra Color, seguida del número. Si aplicamos el siguiente código de formato personalizado:

[Color22l]General;[Color40]General;[Color47]General;[Color13]General

Obtenemos:

	A	B	C	D
1	3	0	2	Quinta
2	Domesión	7	7	7
3	0	Tablas	0	9
4	6	1	Dinámicas	8

Código

El código para formato personalizado son caracteres que utilizamos para indicar algo en la apreciencia de los valores en aquellas celdas donde se aplica:

(Almohadilla):

Este carácter se emplea para mostrar números en la celda únicamente cuando este existe o dicho de otro modo representa un número sin ceros a la izquierda.

• Ejemplo, Números enteros

#

Cuando se aplica muestra todos los números en la parte entera de un valor, en las siguientes celdas se aplicó el formato del ejemplo:

	A	B	C
1	1	20	100
2	2154	487	-54

• Ejemplo, Números Decimales

#,##

Cuando se aplica muestra todos los números en la parte entera de un valor. Nótese que para la parte decimal se debe indicar cuantos decimales de desean ver, en el ejemplo existen dos almohadillas después de la coma por lo que indica solo mostrar dos decimales así el número tenga más. Ejemplo:

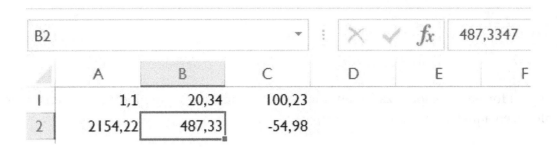

Hay que destacar como el valor 487,33 en la imagen anterior solo muestra dos decimales mientras que en la barra de fórmulas ("donde vemos el valor real") tiene 4 decimales.

0 (Cero):

Muestra ceros a la izquierda o derecha tantos como especificamos, si existe un número entonces esta toma el lugar de un cero.

• Ejemplo:

0,0000

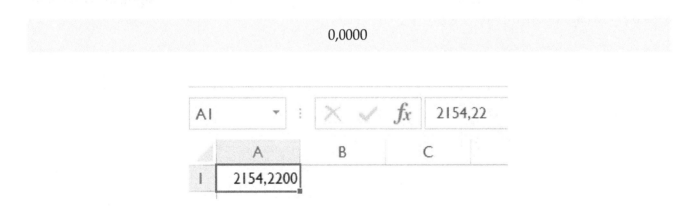

Nótese como el valor real que se muestra en la barra de fórmulas es 2154,22 el cual cuenta con solo dos número decimales, pero como el código que escribimos contiene cuatros ceros, entonces la celda A1 muestra dos ceros adicionales, por otra lado, la parte entera se muestra completa aunque sea un solo cero el que se especifique antes de la coma, pero si aplicamos el siguiente formato a la celda A2 donde está el número 12,789

00000,00

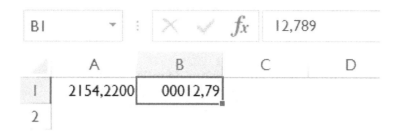

Se puede ver como eso 3 ceros adicionales si se muestran y los dos dígitos de la parte entera toman el lugar de dos ceros:

? (Signo de interrogación):

Actúa como el carácter cero. Solo que en vez de mostrar el número 0 muestra un espacio o varios espacios dependiendo.

• Ejemplo:

?,????

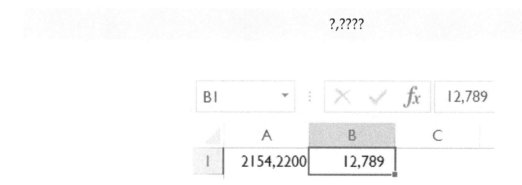

Nótese que actúa como sangría derecha dado que el número se aliena por defecto a la derecha.

, (Coma):

Como se ha venido mostrando en los ejemplos, este carácter los utilizamos para mostrar la coma decimal en número.

. (Punto):

Este carácter los utilizamos para mostrar el separador de miles, millones, etc.

• Ejemplo:

#.###,00

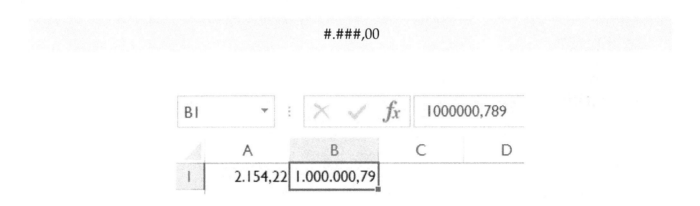

Véase en la imagen como aparecen los separadores de miles y millones.

"" (Comillas dobles):

Utilizamos las comillas dobles para entre ellas poner un texto que queremos que se muestre de forma literal.

• Ejemplo:

#.###,00" Dólares"

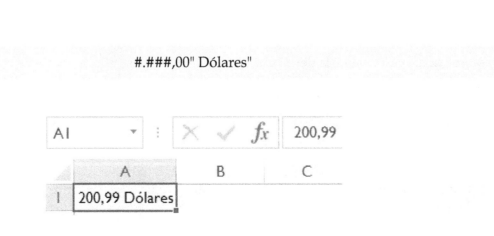

Es importante resaltar como se ha utilizado en los anteriores ejemplos solamente la parte que indica un valor positivo.

* (Asterisco):

Cuando se asigna un asterisco se está indicando que se repita el siguiente carácter especificado en formato personalizado hasta ocupar completamente el ancho de la celda.

• Ejemplo:

|*@

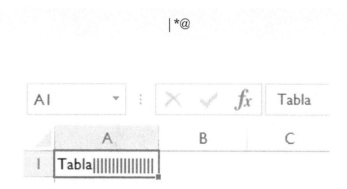

La siguiente tabla muestra alguno de los caracteres más utilizados.

Código	Descripción
%	Despliega el símbolo de porcentaje
,	Despliega el separador de miles
E+ e+ E- e-	Despliega la notación científica
+ – / ( ) : $	Se muestra este carácter
carácter	Despliega el carácter especificado
_	Deja un espacio del mismo ancho que el siguiente carácter
"texto"	Despliega el texto dentro de las dobles comillas
@	Representa un texto
m	Muestra el mes como número sin ceros (1-12).
mm	Muestra el mes como número con ceros (01-12).
mmm	Muestra el nombre del mes como abreviación (Ene, Feb)
mmmm	Muestra el nombre del mes por completo (Enero, Febrero).
d	Muestra el día como número sin ceros (1-31).
dd	Muestra el día como número con ceros (01-31).
ddd	Muestra el nombre del día como abreviación (Lun, Mar).
dddd	Muestra el nombre del día por completo (Lunes, Martes).
yy	Muestra el año en dos dígitos (00-99)
yyyy	Muestra el año en cuatro dígitos (1900-9999).

Condicionales

El color de una formato personalizado se puede aplicar por intervalos

• Ejemplo:

[Magenta][>=3]#,##00;[Rojo] "Error de Cálculo";;

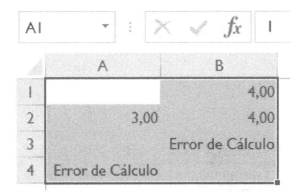

Nótese como aquellos que no cumplen la condición no se muestran, además en este código se dejó en blanco la parte correspondiente a cero y texto por lo que no se muestra.

Anexo C: Hipervínculos del Libro

❖ El lector puede consultar todos los archivos del libro en el siguiente enlace:

https://www.dropbox.com/sh/sil4t15zdvejbtt/AABfUFf-4BnSJp0Wvp77aLnta?dl=0

❖ Allí podrá encontrar las carpetas de cada capítulo.

❖ Cualquier inconveniente por favor comuníquese a través de: *excelfreebymcs@gmail.com*

A continuación, se detallan los links de cada capítulo:

Solicitar Libro en PDF:

Cómo Obtener PDF

Envía un correo a: excelfreebymcs@gmail.com con los siguientes datos:

- Nombre, Apellido, Fecha de Compra y Correo Electrónico
- Envía cual es el nombre de la ilustración 2.3
- Asunto del Correo: *Registro TD 5ta Dimensión desde Amazon*

www.ingramcontent.com/pod-product-compliance
Lightning Source LLC
Chambersburg PA
CBHW062055050326
40690CB00016B/3093